假如没有社会学对社会进行真实甚至严苛的描述，

社会将会比现在更糟糕。

社会学有什么用？

À QUOI SERT VRAIMENT UN SOCIOLOGUE

（法）弗朗索瓦·迪贝/著
陈 艳/译

外语教学与研究出版社
北 京

京权图字：01-2012-3489
国际合作声明

图书在版编目(CIP)数据

社会学有什么用？/（法）迪贝著；陈艳译．—北京：外语教学与研究出版社，2013.3
ISBN 978-7-5135-2932-7

Ⅰ.①社… Ⅱ.①迪… ②陈… Ⅲ.①社会学－通俗读物 Ⅳ.①C91-49

中国版本图书馆CIP数据核字(2013)第062663号

出 版 人：蔡剑峰
项目策划：满兴远
责任编辑：徐晓丹　杨彩霞
封面设计：姚　军
版式设计：赵　欣
出版发行：外语教学与研究出版社
社　　址：北京市西三环北路19号(100089)
网　　址：http://www.fltrp.com
印　　刷：紫恒印装有限公司
开　　本：880×1230 1/32
印　　张：5
版　　次：2013年3月第1版 2015年3月第2次印刷
书　　号：ISBN 978-7-5135-2932-7
定　　价：27.00元

购书咨询：(010)88819929　　电子邮箱：club@fltrp.com
外研书店：http://www.fltrpstore.com
凡印刷、装订质量问题，请联系我社印制部
联系电话：(010)61207896　　电子邮箱：zhijian@fltrp.com
凡侵权、盗版书籍线索，请联系我社法律事务部
举报电话：(010)88817519　　电子邮箱：banquan@fltrp.com
法律顾问：立方律师事务所 刘旭东律师
　　　　　中咨律师事务所 殷　斌律师
物 料 号：229320101

目 录

1 社会学有什么“用处”

- 为什么要当社会学家
- 我是怎样成为社会学家的
- 在社会学家的眼里，社会学有什么“用处”

首先我要声明，如果有人问“你为什么选择社会学”，我多半回答不上来。可以肯定的是，自己并非很早就有从事这一职业的意向。直到高中毕业时，我都不知道社会学是怎么回事：整个中学阶段，我应该从没有听到过“社会学”这个词。当时，只有历史和哲学才被认定是严肃的人文社会科学，经济学和心理学也只在很小的范围内得到承认。我之所以在大学里选择了社会学专业，一是出于偶然因素，二是由于我在别的方面的能力相对缺乏（迪贝，2007）。所以总的来说，与其让我从命运、规划或志向的角度来解释自己为什么要当社会学家，不如让我描述自己是怎样成为社会学家的，后者显得更加诚实和严肃。另外，强迫今天的高中生或大学生做人生规划，其实是社会学的幻想，也是精神上的暴行。因为对生活稳定的成年人来说，生活就像自己的作品，或者是某项已实现的规划，所以很多时候他们讲述出来的生活就像“传奇”一样，是他们讲给别人听的、也是讲给自己听的故事，他们希望通过这样的讲述给生活增添一点可靠性和一致性。

我要声明的另一点是关于“用处”这个词，它可能会激怒不少人。因为一门学科首先追求的应该是创造知识，而不能被“用处”约束，这是不言而喻的。因此，我们这里所说的“用处”并不是狭义的，而是广义的：社会学作用于社会生活吗?起到了什么样的作用?社会学的使命是什么?乍一看，社会学似乎没有生物学或其他科学技术那么明显的“用处”——它没有催生任何工业，但是它对社会生活所起的作用至少不会低于音乐、绘画、哲学、文学。与音乐、绘画等这些表达形式一样，虽然社会学对功利主义嗤之以鼻，但它本身其实对社会生活确实起到了某种作用、具有某种用途。社会学家们向来擅长阐释别的学科的功利性——也不管这些学科究竟对此有什么期待和想法，但他们却拒绝阐述自己所从事的学科的“用处”何在，这确实是个奇怪的现象。

必须认识社会自身

慎重起见，我做了以上两点声明。现在进入我们的中心论题：社会学是有用的。现代社会再也不是神所规划的蓝图——历史上很长一个阶段人们曾经是这样认为的；也不像启蒙时代人们所梦想的

奥古斯特·孔德（1798—1857）

法国著名哲学家，社会学、实证主义的创始人。

sociologie（社会学）一词最初出现在1839年孔德的《实证哲学教程》中：由拉丁语词根socius（社会）和希腊语logos（知识）构成。

那样是意志的产物，是人们在自由和理智前提下所签署的社会契约的产物。无论宗教神话还是法律条令，都不足以解释社会是如何形成、维持以及发展演化的。我们再也不信仰同样的神明（这些神明在过去曾被顶礼膜拜），通常情况下，甚至不再信仰任何神明；君主、国家、法律都无力组织全部的社会生活；社会变迁已经成为无人能阻挡的规律。奥古斯特·孔德正是为了描述这一现状才创造了“社会学”这个词。现代社会必须建构起对它们自身的描述系统，必须要认识自己：因为它们和别的自然存在不一样，并不只是必然性的产物。从这个角度来看，社会学有无“用处”的答案不辩自明：现代社会需要社会学，因为它们是现代的，因为它们知道它们是自身行动的结果，因为世界已经开放，因为各种文化和社会之间发生着越来越多的交流，现代社会必须互相了解和认可。我们意识到，贫穷、压迫、暴力等令人愤慨的社会问题要想得到解决，不仅要靠道德和政治信仰，同时还要靠知识、社会学和所有其他社会科学。

20世纪60年代后期（我正在读大学），社会学有无“用处”似乎是不言自明的。在当时那个快速发展的工业社会里，即便会显得有些幼稚，我们仍然坚信科学和知识理所当然是致力于为人类谋求幸福的。当时，自然科学和技术已经明确无疑地表现出了自身的用处，而人文和社会科学也期待着自身能够起到相同的作用。大家确信，有关社会生活和社会运行机制的客观知识可以提高社会行动者[1]的意识水平，使他们更自由、更有效率、更为理性……R.阿隆于1960年曾写道：“社会学的使命在于成为自负的或天真的社会的良心，致力于冷静的观察，保持无限的好奇心。”我们不应把这个观点斥之为乐观或天真。社会是“自负”的，因为它们坚信可以把知识作用于自身；社会是“天真”的，因为它们在转型过程中才发现许多幻想都破灭了。社会学总是强调在描述与现实之间、在最为高尚的原则与最为平常的事实之间存在的距离，而将这一距离揭示出来本身就是有用的。《继承人：大学生与文化》（布尔迪厄、帕斯隆，1964）一

1 英国社会学家安东尼·吉登斯在《社会的构成》一书中，对行动者以及社会结构进行了讨论，指出行动者是具有资格能力的主体，他们具有能动作用，可以对不同的社会情境在社会规则的指导下采取不同的应对措施。

书揭示了学校教育中的不平等，同时建议成立更为合理、更为公平的教学组织。《工人阶级意识》（图海纳，1966）、《科层现象》（克罗齐耶，1963）、《农民的终结》（孟德拉斯，1967）和E.莫兰的有关大众文化的著作都描述了某些社会变化，指出这些变化既取得了成就也带来了危险，揭示出了社会变化中存在的控制形式、阻滞因素和幻想因素，同时呼吁社会生活发生可控的改变。坦率地说，我认为社会学的有用性在历史上曾经得到不同流派的社会学家的普遍赞同，这一看法在如今也并没有彻底消亡。涂尔干认为，如果人们觉得社会学没有用的话，社会学便不值得我们为之付出哪怕一小时的努力。如今持这种想法的社会学家为数甚少：我们已不再盲目地信仰社会学的有用性。但是，尽管科学已经不再天真地认为自己是万能的，在人文科学中总还是遗留有科学万能主义影响的痕迹。毕竟，人们只有在科学的名义下才能真正地批评科学。

人们曾经相信社会学是有用的，首先是出于理性的原因。在20世纪60年代的法国，阿尔及利亚战争[1]已经结束，国内经济呈现繁荣景象；某些政府高层人士开始支持社会学研究，因为他们坚信国家重建之后必须要进行现代化建设。在这样一个崇尚科学和高等教育的社会环境中，社会学的有用性自然更加彰显。社会学在人文和社会科学领域逐渐获得了一席之地。社会学在法国的发展最初是从涂

---

1 阿尔及利亚战争是1954年至1962年期间阿尔及利亚争取独立的武装力量与法国之间的战争，最终法国承认阿尔及利亚独立。

埃米尔·涂尔干(1858—1917)

法国社会学家，社会学的学科奠基人之一。

1887—1902年，在波尔多大学教书，并在那里创建了法国第一个教育学和社会学系。1891年，被任命为法国第一位社会学教授。1898年，创建了法国《社会学年鉴》。围绕这一刊物形成了一批年轻社会学家的团体——法国社会学年鉴派。

尔干和M.阿尔布瓦克斯开始的。在前者那里，社会学戴着哲学和教育学的面具发展；后者则把社会学称为“集体心理学”。在G.弗里德曼[1]的推动下，社会学进入了法国国家科学研究中心(CNRS)。1958年，法国设立了社会学学士学位。1967年，社会学有了完整的学位体系。至此，社会学家们终于可以在学术上找到同路人。但是，与

1 指法国社会学家乔治·弗里德曼。他一生关注技术文明问题和大众现象，1960年创立了大众传播研究中心(CECMAS)。这个中心代表了法国在传播学领域的第一个严肃的尝试，当时传播学领域被美国功能主义控制，它试图改进法国在这一领域的落后，并且改变该领域跨学科视角缺乏的现象。

此同时，历史学家、社会哲学家和经济学家早已经取得了无可争议的学术地位；和他们相比，社会学家的地位还是显得无足轻重。在这之后，社会学家的数量剧增：1978年，法国的大学里有300名任教并兼搞科研的社会学教师/研究员；国家科学研究中心有148名社会学家；此外大概还有600名社会学家受聘于其他机构（杜巴尔，2002）。20世纪60年代末，社会学专业的大学生都自信地认为，社会学是一门有前途的专业，可以凭之轻松就业。

人们相信社会学的有用性，还有情感方面的原因：社会学加入了反对旧的意识形态的斗争。戴高乐主义[1]在经济和政府行政方面都表现出革新者的面貌，但是在“习俗”方面却是根深蒂固的保守派。戴高乐主义更喜欢“国家”，而不是“社会”；更喜欢“法国”，而不是“法国人”。在另一阵营的共产党人则因社会学是来自美国的“资产阶级学科”而拒绝接受。共产党人认为马克思主义才是揭示社会生活的规律和历史的意义的钥匙。当时，有很多知识分子都认同这一观点。社会各界普遍把社会学看作是对现代性、社会批评和民主的呼吁，这使得社会学家更加相信他们所从事的学科的有用性。另外，在集权制国家，社会学则被简单地加以禁止或是沦为官方的一种意识形态。当戴高乐主义和共产主义之争成为政治生活的中心，在某

1 戴高乐主义是20世纪50年代末至60年代末，法国总统戴高乐制定的法国独立自主外交政策的基本构想和指导原则。戴高乐主义就其本质而言可称为法兰西民族主义，它包括三方面思想：民族主义思想、集权主义思想和独立自主思想。戴高乐主义以谋求法国在国际政治中的独立自主和世界大国地位为政治目标。

路易斯·阿尔都塞(1918—1990)
法国著名哲学家

种程度上，一个大学生可能会认为从事社会学研究是另一种从政的方式，而这种想法会使他更加坚信社会学的实用性和重要性——我的情况便正是如此。当然，以上仅仅是对20世纪60年代中期的法国社会气候大致做了回顾，并没有进行精确的描述。在此时，尽管社会学家之间远没有达成一致，社会学的正统地位还不稳固，然而对于社会学家来说，或者对于所有有意投身社会学的人来说，社会学的有用性是不言而喻的。

三种有关社会学有用性的观念

20世纪70年代，社会学在大学和国家科学研究中心均已获得稳固的地位，中等教师资格考试（CAPES）和社会科学的教师资格考试制度也已确立，但是有关社会学有用性的观念却明显开始分裂。如果超越理论、风格和宗派的对立，则可以提炼出三种有关社会学有用性的观念。

在1968年五月风暴[1]之后，知识界笼罩着一种“革命”和批判的氛围。大部分社会学家对此持完全肯定的态度。他们认为，社会学首先应该揭露资本控制的运行机制，掀开各种形式的权力面具——包括启蒙运动和理性时代首倡自由的权力形式。持这种观念的社会学家各自所属的学派不尽相同。首先是马克思主义学者。他们追随路易斯·阿尔都塞的研究道路，致力于揭露阶级控制对教育、文化和城市的重压。另一些社会学家则更倾向于米歇尔·福柯的观点，主要揭露社会机构的权力运行机制。还有一部分学者则是受到皮埃尔·布尔迪厄的影响，以一种更加古典的社会学为依据，侧重揭露个体行动中的控制机制。这些学派各有不同，但他们都把社会学看作是一门批判性的学科。他们认为，社会体系其实就是一种控制机制，对行动者实施着绝对控制。福柯和布尔迪厄一派认为揭露控制机制可以使行动者在行动或斗争中减少受骗上当的可能。而马克思主义者则把社会学和社会革命更直接地关联起来。显然，以上对社会学有用性观念的评价并不意味着由此衍生的所有研究都只是某项革命

1 1968年法国国内各种社会矛盾日益尖锐，以青年学生为前导，法国掀起了五月风暴。它不仅在极短时间内席卷法国的各所大学，而且迅速扩大到工人阶级，引发了全国性大罢工，并最终导致国会改选、总理下台。

米歇尔·福柯（1926—1984）
法国后结构主义哲学家，法兰西学院思想体系史教授

皮埃尔·布尔迪厄
（1930—2002，又译为布迪厄、布尔迪约），法国当代社会学家

计划。在今天看来，这些研究当中的优秀之作无疑依然是实证的和科学的社会学成果。但是我的目的并不在于评价这些研究的科学价值，而是展现当社会学被定义为一门揭露和批判性的学科时有关它的有用性的各种描述。

另外一些社会学家则以完全不同的方式参与到城市生活中。他们更加直截了当地提出社会学应该提高社会的合理性，应该具有“善政”的性质。这种社会学观念常被怀疑是“服务于权力”的，这种怀疑既不公正，又过于简单。这一学派的学者侧重研究组织、决策机制和我们后来所说的“公共政治”。他们揭露的主要对象不是控制机制，而是各种阻滞因素、反常效应和各种会削弱行动者行动能力的文化模式。他们尤其关注社会和政界人士，因为这些行动者对社会生活具有更加直接的作用。这种实用主义的观念通常会结合理性选择理论[1]来证明在大多数情况下，行动者所做的选择并不像看上去那样合理，或者比它们看上去更加合理。克罗齐耶和弗里德贝格于1977年所著的《行动者与系统：集体行动的政治学》应该是这一时期有关社会学使命的最为重要的著作。布东于1973年著有《机会的不平等：工业社会的社会流动》一书。尽管布东本人一直注意尽量不参与公共辩论，但是他在该书中提出的“反常效应”从本质上可以说是在认知领域提出了一项规划，旨在最大限度地提高教育领域决策的合理性[2]。

最后，是有关社会学有用性的第三种观念。这种观念的理论基础是认为社会学家应该介入对社会行动者的教育当中。图海纳

1 “理性选择理论”所讲的“理性”就是解释个人有目的的行动与其所可能达到的结果之间的联系的工具性理性。一般认为，理性选择范式的基本理论假设包括：个人是自身最大利益的追求者；在特定情境中有不同的行为策略可供选择；人在理智上相信不同的选择会导致不同的结果；人在主观上对不同的选择结果有不同的偏好排列。可简单概括为理性人目标最优化或效用最大化，即理性行动者趋向于采取最优策略，以最小代价取得最大收益。

2 布东在书中对20世纪60年代法国大学生的社会出身（父母的职业）作了一项调查，结果显示大学生里中上阶层子女占绝大多数。由此他提出了“首属效应”和“次要效应”。所谓首属效应是一种总体性的、社会阶层间的文化不平等：家庭成员（如父母）为子代直接提供各种重要的学习资源、文化资本和经济方面的支持，以推助儿童达到更好的学业成就，使不同阶层的儿童之间产生文化不平等。所谓次要效应是指不同阶层的家庭在升学选择偏好和激励方式方面的差异：当一个家庭因儿童的升学、入学或教育形式而需要作出决定的时候，它总是根据自身所处社会经济地位、条件而作出理性选择。

(1969;1978) 坚信工业社会正在向另外一种社会类型转变。他宣称，伴随着这种转变，社会学必须努力提高行动者的意识水平，促进新的社会运动的诞生。因此，根据这一观点，社会学家应该通过一些有效的方法，既要提高行动者的认知水平，也要直接介入行动者的行动；不能局限于测量和观察事物，还要尽量看清社会行动者本身是如何构成的，看清当社会行动者和社会运动的思维都属于旧的意识范畴之时，旧世界是如何孕育出一个新世界的。

我本人在完成了有关青年人职业规划培训的博士论文之后，也踏上了上述第三种社会学之路。当时，在我看来，这种社会学是最为直接有用的，最能够作用于社会政治生活（图海纳、迪贝、埃热迪. 韦维尔卡，1978、1980、1981；图海纳、迪贝、斯切莱茨基、韦维尔卡，1982；图海纳、韦维尔卡、迪贝，1984）。为什么我会做出这一决定自己职业生涯的选择[1]呢？这首先应该跟我和图海纳的一次会面有关。在那次交谈中，他使我明白，社会学可以不是学术练习，社会学应该及时介入社会生活。坦白地说，我所以选择做一名社会学家，是因为当时我确信社会学不会让我觉得无聊；也因为我一直都感觉到政治家所描述的社会和我所观察到的社会存在着距离，所以想要缩短这一距离。也许还因为社会学中的批判派让我感觉到某种不适，这种不适并不是因为批判（其实我还是挺赞同批

1 指选择了社会学中的“介入派”。

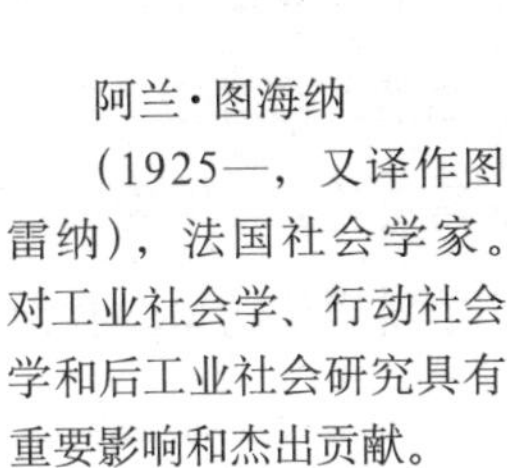

阿兰·图海纳（1925—，又译作图雷纳），法国社会学家。对工业社会学、行动社会学和后工业社会研究具有重要影响和杰出贡献。

判的），而是批判派令我感到窒息：它们的结论已经包含在假设之中；特别是它们把行动者简化成了社会结构的载体，这一点无论是用于我自身还是用于别的行动者我都不能接受。最后，还有一个原因，那就是合理性发展派在我看来太安于现状了。它的相对“犬儒主义”“明智”以及温和改良主义，都距离我所呼吸的时代空气过于遥远。

从对社会学的有用性或者使命的不同看法角度，我们把社会学划分出三大派别：批判派、合理性发展派和介入派。这种划分过于简单化，而且是我们重新建构的结果，所以不能把它看作是对20世纪70年代社会学的现实描绘。这些“阵营”内部其实充满了异质性：除了我们所提到的各位“灯塔式”人物之外，大部分社会学家，无论其是否依然年轻，都是在各个学派之间游走。原则上的对立并不妨碍方法上的一致。左派、右派或是“先知派”的划分，只是对当时现实的一种漫画式的粗略描绘。因为，除了几个如今已被遗忘的特例之外，当时的知识分子已经不再是某一事业或某个党派的代言人。社会学家之间互相阅读对方的作品，建立友谊，彼此欣赏，一下就跨越了我们刚刚划分的这些“人为边界”。当然，与对各个思想流派进行定义相比，我们所做的类型划分则显得更稳妥，因为这些定义在40年间已经发生了很大的变化。但是，必须承认的是，我们划分出来的类型都是相对抽象的；事实上，大部分社会学家会根据自己的工作条件、计划、关注点、政治社会背景等因素的变化而游走于各个类型之间。比如，同一个社会学家，他在进行一些学术性很强的非常严谨的小众研究的同时，也可以为了公共辩论而撰写文章或著作。

尽管就社会学有用性而进行的这种类型划分有时会让人联想到社会学的各种风格的定义方式（布东，2002；布洛维，2005），但是我们不能把两者混为一谈。例如，在批判派内部就存在多种不同的风格：重商主义（布东的用语）的描述性研究；像涂尔干的《自杀论》当中广泛使用的统计分析；纯理论研究……幸好社会学家以何种方式从事社会学研究，并不会直接决定社会学通过何种方式来作用于社会。如果没有社会学研究和社会学作用于社会生活的方式之间的这种距离，社会学将只是一种公共介入形式和一种意识形态。社会学研究可以具有某种独立于其有用性和社会结果之外的科学价值。相反，当科学和政治混杂在一起时，社会学也可以成为公共辩论。这一切跟研究风格并没有关系，跟社会学有用性的观念划分一般也没有直接的关联。

以上这些评述特别适用于20世纪60、70年代。在当时，社会科学已经在具有较高文化修养的人群中得到了广泛的承认。当时，不仅有一部分社会学家得以跻身于知识界名流之列，而且有关社会科学的哪怕是最严肃的著作都保持着很高的销售量。社会学能引起人们的兴趣，这一点就足以证明社会学的用处。事实上，与其说社会学在定义自己的社会用途，倒不如说社会在定义社会学的用途。一些社会学术语已经进入某些人群的日常词汇，这一事实也足以说明社会学对社会产生的影响。文化素养很高的领导人和高级管理人员的话语中会出现克罗齐耶的“阻滞”和“不确定性领域”，或者是布东的“反常效应”这样的概念。像“惯习”“象征性暴力”“区隔”这样的术语对于教育活动家、文化批评家还有广告界人士来说，也不再具有神秘性。总之，一方面，社会学家并不能掌控他们的科研成果的用途；另一方面，某些术语和某些推理类型在公众当中的普及程度已表明社会学确实响应了社会的某种“需求”。

职业化的社会学专门化

从20世纪80年代之后的社会学发展情况来看，社会学似乎越来越有用了。大部分的法国大学都设有相关的院系和实验室；研究室的数量也在增加；社会学家开始在行政管理部门有时甚至在企业里任职。不管是社会冲突、郊区问题，还是性爱问题，只要能与“社会问题”沾上边儿，人们就已习惯于在媒体上看到或听到社会学家对此大加评论。社会学家不再是“边缘”人物，不再像从前那样只有少数特别优秀的社会学家才能得到人们的认可；社会学这门学科也逐渐确立下来。四分之一的高中生在学习社会学的基础知识。从2010学年开始，所有的法国高中生都要学习社会学的入门知识。专职社会学家越来越多，选择社会学专业的大学生也越来越多。为了能在社会学领域生存，年轻的社会学家渴望成为某一专门领域的专家。有的研究者一生都在研究同一个对象。他们通过在专门的期刊发表论文，得以跻身某一专门领域的国内外专家行列，成为这一专门领域的“超级专家”甚至是“学霸”。除了那些经典的宏大课题（工作、社会运动、社会阶级、组织、教育、家庭、宗教）之外，社会学正逐渐成为研究新生社会问题的学科：郊区问题、移民问题、少数群体问题、公共政治问题、媒体问题、退休问题、环境问题、科学问题、技术问题、健康问题……在这些课题内部，又细分出很多别的专业。这有点类似于医学的发展轨迹：在20世纪50年代，医学从二十来个专业扩展到近一百个。法国社会学协会现有几千名会员和几十个不同主题的“工作坊”。

社会学朝着专门化的道路发展，一方面是学科发展的自然规律——某个行业的从业人员和有意进入该行业的人员的数量增多自然会导致该行业的专业化；另一方面，这种专门化还是社会对社会学专家的需求日益增加的结果。随着地方分权和决策地点的增加，从20世纪80年代中期起，公共政策评估成为风尚——每一项改革计划都要求有前期调研。实际上每一项政策也都必须包含对其后果的评估。社会学的专门知识成为一种较为普遍的需求。很多年轻的社会学家也借此契机开始了自己的职业生涯。比如，他们可以签署研究合同或申请博士奖学金。在后一种情况下，他们的博士论文必须有一部分在某个协会、企业或行政机构里完成，也就是说他们的论文必须具有直接的用途——这正是产业教育协议（CIFRE）[1]奖学金的授予原则。

这种专门化的发展有时被怀疑是对科研自主性的放弃，因为研究人员“服务”的是某一个组织而不是真理。对这种怀疑我不敢苟同：一方面，一些社会学家如此“利用”大学给予他们的自由度，的确令人不快；另一方面，为了生存，社会学家往往别无选择，只能投身于这种大型研究组织不太重视的“专门知识”的研究。我们要求社会学具有有用性，可是当社会责任人或行动者要求社会学家来论

1 在20世纪70年代的法国，由于博士数量增加，而公共部门对博士的招募数量增长缓慢，博士就业遇到困难，于是政府就想办法通过提高博士在企业中的就业数量来改善，因此于1981年特别启动了CIFRE（产业教育协议）制度。创立CIFRE制度的目的是促进博士在企业中的就业，通过某个共同的研究项目把博士研究生、公共科研机构和企业联系起来；政府利用法国一种定期雇用合同CDD来实现CIFRE制度。

证他们的决策时，我们又开始谴责这种有用性。这难道不是一种奇怪的现象吗?当然，可以放心的是，单纯依据社会学某个领域的专家评估就做出决策，这种情况很少发生。从根本上说，对学者和专家、“纯粹”研究和应用研究进行区分，其作用主要只是从修辞上描绘出社会学家内部的区别，并不能描述社会学职业实践的现状。大部分社会学家都是既进行普通社会学的研究，以取得学术上的“正统地位”；同时又从事专门研究，以成为专职人员，签订研究合同，获得一份多少有点稳定性的工作。“纯粹”研究似乎显得更为高尚与神圣，但其实相当一部分社会学家，甚至可以说是大部分社会学家，首先都是某一问题或某一专门领域的专家。

因此，在我看来，社会学的有用性有多种表现方式。社会学的有用性首先表现为它的批判性：它能揭示社会的本质，表明社会其实不是它自己所认为的那样。其次在于社会学的建议功能：它既创造出“纯粹”知识，也创造出应用于实践的“专门”知识。再次，社会学的有用性尤其体现在它本质上是一种具有一定公开性和公众性的辩论。我们并不肯定社会学一定能够使社会变得更加美好，但是可以确信的是，假如没有社会学对社会进行真实甚至严苛的描述，社会将会比现在更糟糕。

2 社会学所承受的质疑与社会学的缺陷

- 科学还是意识形态，这是一个问题
- 社会学有“合法性”吗／谁在质疑社会学
- 从多元化到分散化：某种不足

在经济富裕、政治相对民主的国家里，社会学遭到的质疑并不比往昔多。在社会学曾经很薄弱或几乎是空白的大国里，例如中国和印度，社会学已开始崭露头角并得到发展。国际社会学协会越来越国际化[1]。在拉丁美洲，社会学长期以来都很活跃。在非洲，社会学亦继续存在，并没有消失。在亚洲，社会学取得了明显的发展。劳动阶层、医生、司法工作者、记者等都会学一点社会学。在法国，《人文科学》（月刊）在所有报亭都有出售。当然这并不是一份学术

1 国际社会学协会是世界性的社会学学术研究联合组织。协会现有103个团体会员，其中各国国内学会、协会43个，地区性协会7个，研究所和研究中心44个，赞助机构3个，6个国际学术团体会员即国际知识社会学学会、国际共同开发研究理事会、国际法语圈社会学家协会、欧洲实验社会心理学协会、欧洲农村社会学学会和国际社会学学会。

性很强的期刊，但它的确办得很出色。从另一个角度想，大众难道会对最前沿、最严肃的期刊感兴趣吗？

当然，并不是一切都那么尽如人意：在大学里，社会学系并不是实力最强的院系；社会学家并不总能得到足够的研究经费；社会学著作的发行量相对较低——这样的处境和历史学、哲学还有严肃心理学相同；在选择了其他学科的大学生眼中，那些能够给他们带来更为稳定的职业和更高薪酬的专业自然更具诱惑力，而对于社会学专业的毕业生来说，能够谋得一份稳定的、与社会学相关的工作的几率越来越小——这也许就是社会学面临的最大的危险。

因此，我们在评价社会学发展的形势时必须综合考量各种因素。社会学的发展形势其实并不像人们所说的那么糟糕——除非你认为它本该是“众学科之王”。社会学的处境至少不比它的亲缘学科更糟。很多学科，被家庭、学校、教会等机构以及整个文化界自动纳入身陷“危机”者的行列。社会学也是这种情况：它曾经有过“黄金年代”，那时“社会学之父”们开创了社会学之后，又有社会学大师将它继承下来；它也曾经有过“重要时期”，那时社会学对社会有着真正的影响；它还曾经有过“自由岁月”，那时科学研究完全自由……社会学的教师们常常回忆那段美好时光，当时优秀的学生都有强烈的从事社会学的意愿。我自己所从事的学科——社会学——竟然会认同上述各种描述，认为自己今不如昔、身陷危机，这一点令我感到诧异。因为在其他行业遭受到类似描述之时，社会学却能清醒地认识到这种描述和现实之间的差距。其实，即使是在“从前”，社会学家就像音乐家一样，也并非个个都是天才，20世纪70年代出版的书籍也并非本本都是杰作，实验室也不是每一所都充满了创造力……但是，随着时间的流逝，由于人们只记得那些杰出的人物和经典的作品，因此就认为当时的一切都是那么优秀。那些天才就成为社会学的巨人，而他们的作品也被看作是“黄金年代”的见证。于是，人们就会有这样的感慨：过去的社会学大师什么都讲到了，而且讲得这么好！当然，那些“社会学之父”的作品是必须一读再读的。但是，我们绝对不能因此而耽于过去的成就，从此颓废。

今天，社会学所遭受到的质疑来自和过去相同的对手：那些妄图垄断对社会生活进行描述的专有权的人。只要稍加思考，就会发现这种情况也是正常的。因为社会学信奉现实主义、相对主义、犬儒主义以及怀疑主义等，力图撕开社会生活的假面。某些哲学家认为社会学是“粗俗”的。某些经济学家不喜欢看到有人证明经济学并不能解释全部的社会现象。某些心理学家认为行为应该首先解释为人格、历史以及个体的先天特征。但是，这些只是小范围的争斗，我不认为社会学受到了真正的质疑。有关社会，除了社会学的描述之外，还存在其他学科的解释，这些解释肯定对社会学形成了一定的竞争，然而，并不意味着社会学在科学领域受到了质疑。因为在科学领域，人们承认同一个“真实”的客体是可以被不同的学科定义并重新定义的。例如，在研究学业失败统计分析的社会学家和研究学习的心理认知机制的心理学家之间，就不存在公开的战争。在学界，亲缘学科之间更多是互相漠视，而不是互相攻击。对社会学的那些质疑并不属于真正的科学研究范畴。

对社会学的批评与其说是属于科学范畴，不如说是属于政治范畴。人们在思考：社会学有什么用?如果它确实起到某种作用，那这作用是否是积极的?我们再回到有关学业失败统计分析的例子。仅仅把学业失败解释为个体的心理原因或归于心理认知机制，是相当有争议的。因为社会学家已经证明贫困群体的孩子学业失败的比例更高。如果政府只同意心理学的解释，它就会把责任推给个体，从而过早地对孩子进行测试以确立专门的课程设置，而不会像社会学家所呼吁的那样去减少教育资源的不平等。如果政府只同意社会学的解释，它就会针对社会结构采取行动，而忘记平均数据会掩盖个体的差异：女孩的平均成绩优于男孩并不意味着所有女孩都比所有男孩的成绩好，也不意味着任何一个女孩比任何一个男孩的成绩好。统计分析归纳出的状况或建议的策略不尽相同，它们都可能会因为实际的或假设的社会效果而受到质疑。因此，掩藏在这种科学领域的竞争之下的，其实是政治和意识形态的冲突。社会学和经济学之间、某些社会学流派之间和某些经济学流派之间在“影响力”上的竞争则更为激烈。不同的社会学或经济学流派对于相同的社会问题提出的解决方式可能是截然相反的。

如今，社会学受到质疑，其原因与其说是因为它的“软科学”身份，不如说是因为它倾向于“用社会来解释社会”，因而它给出的答案和解决方法可能令保守派政权和后来的极端自由派政权感到不快。这些政权认为，或者基于利益而宣称：个体行为只取决于个体，取决于个体的理智、道德和利益，社会结构对此无能为力。一般来说，这些政府都会捍卫相当专制和传统的社会道德，以达到对个体进行“结构化”的目的。它们还主张扩大自由市场，认为自由市场可以在解放个体的同时创建出和谐公平的秩序。显然，在这种情况下，社会学也会随之呈现出流派纷争的景象。除了极端功利主义的解释之外，其他有关社会生活的各种解释都有获胜的机会。

但是，社会学同样遭到知识分子和社会斗士的质疑。他们提出了与新保守主义[1]完全对立的看法，并认为自己掌握了解释世界的金钥匙。如果一切都可以解释为资本主义和世界化法则、领导人的极度强权、对大众的绝对操控以及有关类型、阶级和种族的强大的刻板印象，那么除了极端的批判派之外，其他的社会学流派几乎没有生存的机会。我有时会担心社会学能够呼吸到的空气会日益稀薄，因为必须要从《费加罗周刊》和《世界报外交版》等报纸的社论中挤

1 新保守主义活跃于1980—2000年。主要主张有依靠民间力量，提倡政府不干预市场、自由竞争，推行减税、删减社会福利等。其他主张有反对多元文化社会、强调爱国主义、建议以战争制裁恐怖分子等。

出一点版面给知识界，社会学才能在公共辩论中生存下来。

现在来总结一下：社会学并没有像人们认为的那样身陷“危机”。对手对社会学的攻击更多是基于意识形态和政治原因，而不是真正的科学范畴的争论。也就是说，对手是以社会学实际的缺陷为名来质疑社会学。作为法国社会学家的一员，对我来说，指出社会学的缺陷是一件很容易的事情，但是要想在指出这些缺陷的同时，还能做到不被别人怀疑是基于利益而有失公允，抑或是避免基于无意识的恶意，这就很困难了。

社会学中无谓的争论

社会学可以被质疑，因为它具有多元性。它不像自然学科那样有某个独占统治地位的理论；也不像某些社会科学那样——例如经济学——有一个占主导地位的理论和方法论体系。毫无疑问，社会学对自身多元性的承认和管理方式削弱了社会学的力量。

那些质疑社会学的人往往对科学都持有一种武断的看法。他们认为实验室里的科学家都应该是像波普尔[1]那样的：假设可以是错误的，方法是用来验证假设的；实验产生的结果应该是公正的，甚至可以证明假设是错误的。如果遵循这种观点，社会学则几乎无法生

1 波普尔（1902—1994），奥地利裔英国哲学家，提出了证伪主义原则。

存。就像J.-C.帕斯隆（1991）所阐述的那样：社会学并不是一种真正的波普尔式的科学。作为一门科学，社会学跟历史学和人类学是一样的。历史学和人类学在身份问题上遭受的质疑较少，也许是因为它们所考察的行动者在时间和地域上都距离我们很远。但是，还是有不少社会学家认为社会学是一门“身份尊贵”的科学。这些社会学家往往都远离当下的问题而进行研究。他们基于自己的打算，更多是在做评论社会学的工作，而不是在从事社会学的研究。

马克斯·韦伯（1864—1920）
德国政治经济学家、社会学家

就如J.-M.贝特洛（1992）所阐述的，我们要适应这一现实：社会学是多元性的，它包括多个范式和主题，每一个范式和主题都有某个社会观念作为依据，每一个都要求专门的研究方法。从来没有人想去比较韦伯和涂尔干哪一个更有资格被称作是社会学家或科学家，因为这两个人都建立了一套足够牢固的假设体系，然后进行证明，指出这一假设是真实的还是可以驳倒的。历史学界也一样，法国大革命这段历史就没有盖棺定论。一个充满想象力的历史学家可以一直提出新问题，并依据新的史料和档案，完成自己的论证。如果他提出的假设不能得到验证，或者有其他材料可以驳斥他的假设，那么别人完全可以提出争论。软科学的这种逻辑和硬科学中的猜想很不一样。硬科学的猜想是参照物，具有压倒性的地位，有时甚至被当成一种理想，而对这一猜想进行的探索和它本身的局限性却相对容易被忽视。然而，我们不能因为社会学的范式和方法的多样性就走向绝对的相对主义，因为确实有一些知识比别的知识更有依据、更为真实。

但是，当社会学的理论和方法的多元性引起无谓的争论时，社会学其实是自己在削弱自己的力量。虽然引起争论是社会学的“魅力”之一，但不幸的是，这些无谓的争论也成了教学上的惯例，被教给了年轻的大学生们。

整体论还是个体论?这是社会学专业的大学生无法回避的问题。持整体论的一方认为，结构就是一切，个体无足轻重。任何一个严肃的社会学家都不会赞成这一观点，包括被看作是整体论代表的涂尔干。涂尔干认为个体是现代社会的“神”，个体被社会化是为了达到自主。持个体论的一方其立场则更加奇怪：个体已经存在于那里，已经完全建构好，正在用他的理性组成社会。又有哪位社会学家会赞同这种观点?当然，有人会说两方争执的是方法上的整体论或个体论，那我就更不能理解了。因为众所周知，一方面，社会结构、文化约束和文化模式的产生先于行动；另一方面，行动反过来又会制造、复制、批判、改变这些结构和制约条件。归根结底，这两者是相辅相成且互为补充的。当然，人们也可以继续假装不得不在二者当中进行选择。

客观还是主观？狄尔泰[1]为人文学科提供了一个观点：社会行动者是在主观地行动，因而他们的举动和表现只能被理解而不能被解释。而在同一时期，实证主义者却断言人文学科如果想成为真正的科学，就不能有特殊性；因此对行动者的行为，与其去理解，不如用因果关系去解释。这就是19世纪末社会学的大环境。喜爱统计分析的社会学家想以真正的科学为名来解释行为。喜爱访谈和诠释学的社会学家想以行动的主观性为名来理解行为。虽然解释派和理解派“打”得难分胜负，但是他们都在主张行为既可解释又可理解的经验论面前败下阵来。经验论既阐述了行动的主观性是如何从文化背景和社会约束中产生出来的，又阐述了并不完全遵从约束的行动者是怎样理解世界和开始行动的。关于这一类争论，我想说的是：第一，如果不借助某种动机理论[2]，对各种社会立场和态度进行对比是没有意义的。第二，个体是在客观的、社会的世界里行动的，世界不会等待他们；行动者如果想要像一个经纪人那样合理地行动，他应该和他的合作者及竞争者拥有共同语言。

---

1 狄尔泰（1833—1911），德国哲学家、历史学家、心理学家、社会学家。

2 想象一下：我们在做喜欢吃鱼的人和喜爱皮埃尔·布莱兹（法国著名的作曲家和指挥家）音乐的人的统计对比。因果解释会先在吃鱼和听觉之间或是在听觉对味蕾产生的各种作用之间寻找联系；最终，它会研究鱼的细胞和听者的细胞之间的联系。而动机理论则首先会思考吃鱼和喜爱布莱兹的音乐所蕴含的两种禁欲主义之间是否存在着同源性，进而再去论证这两种类型的动机其实属于同一社会范畴。这个例子其实并不像表面看上去那么荒诞。很多流行病学的研究就选择了第一种解释，因为它的因果性更直接，因此也就显得更科学。——作者原注最后一种“流行”的争论则发生在结构主义和实证主义之间。实证主义社会学天真地认为社会事实像自然界的事物一样，确实是“事物”“实体”。涂尔干是结构主义的代表，他的《宗教生活的基本形式》被认为是结构主义的典范。结构主义认为社会学理所当然应该去阐述这些“事物”是如何被各种不同的理解和对立的利益建构起来的。但是不要忘记，这些“事物”在面对人的意志的时候并没有那么脆弱；相反，它们表现出了很强的抵抗力。宗教和司法体系也是被建构出来的，它们之所以真实存在是因为它们产生了真正的实践。既然社会生活的范畴是建构出来的，那接下来就只能靠实证来分析它们的功能了。我批评过各种统计分析、档案、访谈和其他数据。虽然我也知道它们本身就是建构出来的，但我别无选择，只能使用它们。这种矛盾不仅存在于人文学科中，其他学科也是如此。很多研究数据都要求读者必须先进行长期的解构之后才能使用。

以上所有的争论，还有一些别的争论，除了营造出貌似“百家争鸣”的热烈氛围之外，实质上可以说是滑稽可笑的。这些辩论往往都打着“发展科学的文化和理性的认识论”的旗号。有时连大学生都会被卷入辩论中，其实对他们来说更加没有意义，因为他们连自己在维护什么都不太清楚。大部分博士论文和很多学术论文都会附有长长的序言和对“认识论”的评论。这些评论深奥晦涩，还经常和论文内容毫不相干，只能让人越读越沮丧。当然，社会学的著述不同于小说，它的使命不是“诱惑读者”或“给人以真实感”。但是在没有任何必要的情况下，把原本相当有说服力的论证表述得极端晦涩，缺乏可读性，读者确实有理由就此提出质疑。如果每个研究人员都认为有责任“发明”出自己的词汇，这将是非常危险的：要么读者会因缺乏勇气而放弃阅读；要么读者最终会发现原来作者只是以一种新的、比较时髦的方式在重复社会学在很久以前就已经阐述过的东西，于是读者就会忍不住指责：“写了这么多就为了说这个！”

把社会学弄得晦涩难懂也可能出于以下的原因：作者本人对自己作品的科学性也深表怀疑。当一个人不确定自己确实是在从事科学研究的时候，他就只能转而卖弄自己对科学和研究方法的思考。当然，我也并不因此就主张社会学的写作必须绝对简单化，能够让所有人一眼看透——确实有一些复杂的推理需要复杂的表达方式和专业的词汇。但是，还是有很多社会学家，例如托克维尔、涂尔干、阿尔布瓦克斯、阿隆、克罗齐耶、图海纳等——这里我只列举了法国的社会学家——的确在著述中避免使用过于晦涩的、会给读者带来理解障碍的表达方式。

一方面，像迪亚法留斯[1]那样的语言风格会招致质疑；另一方面，相反的风格也同样存在被质疑的风险。“写了这么多就为了说这个！”当社会学著作被写得像才华横溢的证词时，读者还是有可能

1 迪亚法留斯是莫里哀的喜剧《无病呻吟》中的人物，容貌丑陋，智力低下，语言晦涩。

弗洛朗斯·奥伯纳，法国女记者。2009年，她为深入掌握金融风暴下的社会实况，隐藏真实身份，伪装成失业妇女，仅以一张高中文凭到处求职，展开为期六个月的底层劳工生活。

这么说。社会学家之所以这么想与记者划清界限，也许是因为在涉及同一题材之时，有些记者的笔触明显更加出色。在描绘某一时期的校园氛围方面，H.阿蒙和P.罗特曼的作品《只要有老师》（1984）所达到的程度是无人能比的。在记录毫无一技之长的女性临时工的经历方面，社会学家不会比弗洛朗斯·奥伯纳（2010）做得更好。如果只会阐述一些行动者自己就能够阐述得更好的问题，社会学是不太可能说服大家相信它的社会政治作用的。

理论和方法的多元本身既不是优点也不是缺点，它是社会学的本质之一。每个社会学家都必须捍卫这一观点。社会学本质上的多元性已经被提出来并且也得到了社会学界的认同。然而，这也意味着社会学开始面临新的问题：一个本质上具有多元性的学科必须有能力自我规范和自我管理，从而达到一种相对的统一性。最近三十年来，社会学家的人数有了很大的增长。社会需求开始向多元化发展。社会学的自我组织能力在各学科当中并不算强。就拿巴黎的“名流圈”来说，从国家科学研究中心、索邦大学到巴黎高等社会科学研究学校，许多社会学的研究小组和院系相继成立。分散成为社会学界的普遍现象。有时，从甲处培养出来的大学生竟然对乙处研究的内容一无所知。A处只研究布尔迪厄；B处只研究统计分析；C、D等学校的大学生则对布尔迪厄和统计分析都一无所知……有的地方只研究“微观”，有的地方只研究“宏观”……出版物数量的增长比读者人数的增长还快。每个社会学家都可以“创造”出专属于自己的知识领域，或者是自己的学派。

这种“各自为政”的形势并不只是“好玩”而已，它还引起了很严重的危机。因此才成立了法国国家大学顾问委员会（CNU）[1]，来制定经费拨放和职称晋升的规则。社会学家们在期刊和出版物的价值认定上无法取得一致。每个人都想成为评审员。理论和方法的多元性呈爆炸式发展，产生了成千上万的特殊性。在我看来，社会学家在政治方面的缺陷也是社会学遭受质疑的根由之一。社会学如果能够说出它的推理方法的背景和基础，它会变得更强大。说得直白一点：撇开个人的喜好、选择和理念的不同，社会学必须有能力指出哪些东西是每个社会学家都必须知道、必须会做的。

如果社会学不具备这种职业能力和政治能力，那么别的学科，特别是经济学，可能就会在这场竞争中完胜。更何况，目前社会科

1 法国国家大学顾问委员会是由选举产生的机构，负责各个学科里教师/研究员的聘任和职称晋升。它由教师/研究员选举出来的代表和研究部任命的成员所组成。——作者原注

学整体上面临不利局面。高等教育和研究机构被卷入一场变革，大学、院系和实验室的等级制度会更加牢固。在正在到来的这个漩涡里，能够坚挺并壮大的学科并不一定就是最优秀最有用的，也可能是那些最有自我组织和自我规范能力的。无论如何，社会学必须教会社会学家这一点：胜利者并不一定是最有道理的那一方，但是他们一定是装备最先进、组织最有序的一方。

3 怎样辨认“好的社会学”？

- 开放的知识空间 VS 标准化学术
- 研究方法一直在变，不变的是……
- 怎样用你扎实的社会学知识参与社会生活

要我指出什么是“好的社会学”要比指出社会学的缺陷在哪里更加困难。在这里，我还是得事先发表几点不太正式的声明。

尽管力图保持客观，但我可能会不可避免地依据个人的标准做出这样的判断：“好的社会学”就是我喜欢的社会学，“坏的社会学”就是我不喜欢或不感兴趣的——不喜欢和不感兴趣并不完全一样。而且由于并不了解全部的社会学，我的评判当中的主观性可能会更明显。当然，话虽这么说，对社会学好坏的判断也不是全凭个人的主观标准。尽管各个学校、小组、流派和风格奉行的标准存在着多样性和竞争性，事实上，关于什么是“好的社会学”还是存在某种大家都认可的标准。常年担任审核某份标准较为多元化的期刊比如《劳动社会学》[1]的编委，会发现尽管对文章各有所爱，但是

1 1959年，法国社会学者纳维利首次使用“劳动社会学”一词，并创办了《劳动社会学》杂志。

对于什么样的文章是一篇好文章通常还是有潜在标准的。对于什么是坏文章，评判标准的一致性就更明显了。我想那些更偏向于具体理论阐述的期刊，例如《社会科学研究学报》[1]，除了要求文章严格贴合本期刊的路线之外，它们对文章好坏的评价也是有某种一致的标准的。假设我们是科研项目评审委员会的成员，我们会发现，在评判哪些项目很优秀、哪些项目存在不足或尚需完善的时候，评委们立即就能达成一致意见。当一名研究人员把手稿寄给某位工作认真的编辑，他的作品面临的质量评判标准就是各类专门的读者群的期待。这些读者群的学识、批判性、关注度、国际化水平都不一样。当然，出版界也存在危机。出版社想挣钱或收回成本，而事实上很多书都是亏损出版。不过，我们也不要过多地讽刺社会科学的图书市场。毕竟在“大众”图书之外，市场还是出版了一些非常严肃、学术性很强的图书，平均每十年也能见到一两本能让人印象深刻的新书。以上关于评判标准的描述也许过于平和，然而，事实上，社会学界并不像社会学家以为的那样混乱无序。除了多元性和因此必然产生的争论之外，对于“好的社会学”是有潜在而一致的标准的。不管怎样，我愿意相信这一点并且也愿意向别人表明这种态度。

给“好的社会学”设定一个大家认可的标准，这到底是好事还

1 该杂志于1975年创办，每年四期，由法兰西学院和高等社会科学研究学院的欧洲社会学中心出版。

是坏事？这个问题我们要一分为二地看待。只有当某种学术模式取得胜利，社会学对其他模式关闭大门，只留下某些最基本的东西的时候，关于什么是“好的社会学”的标准才能彻底确立。在这种情况下，“好的社会学”将成为官方社会学，每个社会学家都必须遵从它才能在社会学界生存。这样，社会学就会失去创造性，沦为一种推理、理论和方法的按部就班的积累，一种累积癖，一种一直在自我重复、自我评论的推理。如此看来，尽管社会学需要管理自身的多样性和统一性，但是关于什么是“好的社会学”没有特别明确的标准，倒不见得是件坏事。从这个意义上讲，我不赞成给社会学家制定宪章或法则，因为这样做的后果将是把那些有创意有想法的人关闭在社会学的大门之外。社会学殿堂历来都不缺想守门的人！我们一定要警惕这一点！

社会学中的事实

对于事实，特别是社会事实所呈现出来的确定性，我们不应该盲目相信，要保持警惕。我们明白，自己是通过工具、视觉、文化、身体，还有利益——意识到的或藏在潜意识里的利益——来理解“现实”的。这里的“现实”必须加上引号，以表明我们并没有被事实的表象欺骗。我们明白，必须怀疑自己，加倍努力，去探索眼前的事实是如何被建构出来的，去了解自己是如何感受、理解和使用这些事实的。上述这些规则有时会被冠以“后现代主义”的名称，并且在这条道路上渐行渐远：如今，社会学的很多时间都花在解构那些自然的不言而喻的东西上面。人们不去解释统计数据，而去阐述它们是如何被建构的。人们不去描述社会关系，而是去解构决定社会关系的社会范畴——种类、年龄、文化。人们不去评价模式的效果，而去评价这个模式建构的前提。人们也不去评论某个分析，而是拼命去揭示这一分析有或将有什么用处……如此这般，社会学开始致力于给社会去本质化和解构有关社会的各种推理。社会学陷入了解构的怪圈，因为解构本身也是可以被解构的。在这种逻辑的引导下，人们发现重要的不是说出正确的东西，而是要表明自己没有受骗。这种方法其实也很好，但是不能把它当成研究的全部。

建构出来的事实也能揭示现实，因为社会行动者把它们当成是真实的。如果忘记这一点，社会就会沦为空泛的推理，人们只能通过评论和对评论进行再评论这种游戏来推翻之前的推理。基于对事实所持的怀疑态度，有些“后现代主义”理论家甚至得出这样的结论：研究人员阐述的只是他本人的意见，他描述的其实是通过他自己的眼睛看到的东西。这样的话，社会科学就变成了自传写作，而且其中的建构逃不过任何人的目光。

对事实的确定性保持怀疑，这虽然是件好事，但是“好的社会学”必须建构牢固的事实。不管使用什么样的方法，不论是观察、访谈、问卷调查、统计还是文献分析，都必须以足够坚实的、经得起推敲的材料为基础。这样的材料是人们不能任意使用或从中推出任意结论的。社会学诞生于19世纪的大规模的社会调查、细微的观察、游记、社会统计，包括所有对事实的建构和所有先验的东西，但归根到底还是诞生于事实。尽管父系社会是人类学家通过研究被殖民者的生活而建构出来的[1]，但是这些社会也确实是父系的。社会学归根结底还是有用的，它能展现人们本来不知道的东西，能够揭示出隐藏的机制，拼凑出现实的碎片。始终严谨和确切、准确地知道自己阐述的是什么、能够从空泛的整体中提炼出论断，这些都是“好的社会学”所需具备的根本品质。从许多方面看，“好的社会学”应是一门具有自然性、描述性和现实性的学科。

有人说现在的年轻人不读书了，知识水平下降了。为了弄清这样的感慨是否是怀旧情绪作祟，我们得做一些具体的调查。如果发现他们说错了，至少可以说明他们对年轻人的情况其实是一无所知的，清楚这一点也不是坏事。有人说移民的后代犯罪率更高，事实真的如此吗？如果是真的，是由于文化差异、生活贫困、缺乏职业技能，

1 指的是19世纪中叶，美国政府正利用各种手段驱赶原为土著的印第安人，侵占他们的土地。美国人类学家摩尔根在这种情况下，从研究家乡的印第安人种族中的易洛魁人开始，推而广之，深入研究了原始社会人类的社会制度、姻亲制度、氏族制度，指出氏族是原始社会的基本细胞，继而提出原始的母权制氏族是一切文明民族的父权制氏族以前的阶段。

还是由于他们所遭受的社会偏见和社会控制比别的群体更多?如果不是真的，人们为什么还要坚持相信这一错误的看法呢?为什么那些原本应该是很合理而且对大家都有益的改革计划会遭到抵制呢?个人的保守性是出于本性还是仅仅因为自私?还是这些改革远没有人们想象的那么合理和有效，个人完全有理由拒绝它们?这些问题也许显得平庸，没什么新意。但是，当描述和信仰可能变成现实的实践和政治决策的时候，社会学那些与事实相关的知识——不管这些知识是通过怎样的方法得出的，只要它们有坚实的依据——对于公开的和合理的辩论来说就是必不可少的。当社会学的调查可以解释事物的“现实”，那些意识形态、观点和信仰的争论游戏就自然被冷落了。我很满意生活在这样一个社会里：尽管社会学和其他的社会科学都属于“软科学”，但它们能够禁止人们对事实任意评述。不过这一点的前提是人文科学必须是可信的，它们不能仅仅是一种观点或叙事方式。

社会学的一些调查是非常有名的，这些调查针对的对象可能是某个组织(如医院)、某个城市、某个社会群体、某个社团等。这些调查被认为“永不过时”，它们所得出的结论是如此坚实、如此确切，以至于直到今天，很多社会学家还会用它们来检验别的推理。所以，好的研究所建构出来的事实具有无可争议的“专业性”。社会学家知道自己要说什么，也有权依据高水平的知识来进行表达。

以上这段文字并不仅仅是在捍卫和缅怀社会学曾经取得的成就，

它同时具有认识论的意义。材料的质量在于它们能否经得起研究人员的种种假设。社会学家不是在理想的实验室或是完美的科学群体里面工作，这一点有别于波普尔的认识论。但是我们的材料还是要足够坚实，能够经得起研究人员的假设。如果在研究中动用到的所有事实都是为了证明已经建构好的论点，我们的论证体系最终必定会证明论点有效，因为所有可能与这一论点相矛盾的事实都被忽略了，或者被看作是论证体系跟我们玩的“花招”。这样的话，社会学家的工作还有什么乐趣可言？例如，我断言说“所有”的孩子长大后都和他们的父母拥有一样的社会地位，为了证明这一点，我精心选择了一些统计数据来把观点变成“法则”。但是这条法则并不适用于所有人的情况，有时甚至连我自己都不是这样的。于是我会宣布这些例外是论证体系为了掩盖社会复制的力量而故意制造出来的幻象。对于反常效应、不确定性领域、社会偏见和社会运动，我们都可以采取相同的对策。但是，从另一个角度看，事实的不确定性具有能够解放推理的力量，不确定的事实远比那些沉重的、要求苛刻的事实更具诱惑力。

社会学家当然有权撰写随笔，我本人有时也会写。写随笔的时候，推理是首要的，然后作者再去四处搜集一些要素来证明自己的论点。然而我们不能把领域和风格混为一谈：随笔也许会比研究性文章显得更具有智慧、更令人振奋，但是随笔毕竟不是研究。有的社会学家在写随笔方面很有才华，但是，他们没有职业写手效率高，这是一个不争的事实。因为职业写手对自己只有一个要求，就是往市场上投放刺激性的理念："风险""空虚""个体主义""流动性""社群主义"这些词适用于所有的社会生活，他们只需从中选择合适的词语就能够解释所有的问题。一些公认特别优秀的哲学家和知识分子也深为教育问题头疼。同他们进行过几次辩论后，我发现他们毫不掩饰自己对调查所揭示出来的事实的无知和藐视。在这些辩论当中，社会学家作为论据的只有自己做的统计和调查，所以显得有点可怜、平庸、郁闷、辛苦。然而，社会学家的优势正在于这种"天真"的实证主义。社会学家不要害怕拿出专家的姿态，因为我们是专业人士，我们知道自己在说什么，我们为自己所说的东西付出了很多艰辛的努力。

社会学的推理和机制

如果事实不能说明什么，那么累积事实就是没有任何用处的。而事实只有在人们向它们提出问题之后才会说话。所有社会学的论著都表明：如果没有预先形成一些假设，就没有田野调查。如果人们相信社会学的教材，那社会学家也很愿意像硬科学的同事们那样根据自己的猜想来工作。累积事实本是一种无害的癖好，但是它可能会导致大学生将学术论文中事实出现的顺序误以为是实际的研究步骤而走上研究的歧途。这是拼凑事实带来的危害，大家对此也都心知肚明。

从理解到数据，再从数据到分析，这是持续的运动过程。无论是纯假设的理想模式还是与之相反的扎根理论[1]模式都不能完全记录下这一过程。前者就像实验室的实验一样，使用的材料都受到了严格的控制。而后者则以田野调察为基础。这个运动过程是研究最让人兴奋的部分。我们绝对不该绕行。在田野的启发下，研究人员产生了一些想法，然后他们用事实来验证这些想法。当然，要先有假设和想法才能开始工作，才能知道去找什么，去哪里找，看什么，听什么。一般来说，假设在整个研究过程中会逐步发展和具体化。至于使用什么样的方法，则要看提出来的问题是怎样的。以一些经典研究为例：如果我想知道是什么使不同国家、不同社会阶级和不同性别的自杀率存在差异，最明智的做法就是在不同的变量群之间作统计比较。而如果我想知道个体为什么要自杀，最好重新建构关于自杀的讲述，约见为企图自杀者治疗的心理医生。当然，我们也可以交叉或者重复使用这些方法，前提是事先对每一种方法所能够给予的答案类型心中有数。

如今，建立社会物理学或社会演变的总规则已经不太可能，但

1 扎根理论是一种定性研究的方式，其主要宗旨是从经验资料的基础上建立理论。研究者在研究开始之前一般没有理论假设，直接从实际观察入手，从原始资料中归纳出经验概括，然后上升到系统的理论。这是一种从下往上建立实质理论的方法，即在系统性收集资料的基础上寻找反映事物现象和本质的核心概念，然后通过这些概念之间的联系建构相关的社会理论。

是人们还是可以揭示相关的机制、结构和系统，哪怕它们的意义很有限。社会行为总是发生在一定的背景和一定的场所之中，而且不同阶层和不同个体的行为都具有特殊性，不过社会学总还是可以提取出一些意义整体、行动的逻辑模式、理性模式、社会互动类型。这比某项研究观察到的现象或收集到的材料更有价值。在我看来，在研究高中生或邮局的工作人员时，如果社会学家能够揭示出行动类型和相对稳定的关系类型，那么他此项研究的意义就超出了这些个别的案例。有时候，社会学家会去描述只在某个场所才具有的价值关系，原因是他的研究对场所有极其具体的要求。于是，他会推导出这样的结论：社会生活是由各种场所特有的非常偶然的契约组成的。与此相反，有的社会学家会把一些预先建立好的模式强加给与此无关的社会事实。这两种倾向都是令人失望的。“好”的社会学应该超出其材料本身，具有更加普遍的意义。

社会学不仅揭示行动或行动的主观性的机制，也研究那些不受意识控制的行动的后果。为了解释得更浅显一些，我们以社会体系为例。如果A和B两种类型发生的几率相同，而我们想要阐述其中一种类型中的关系，那么统计学模式就最为有效。最近我开始使用这种方法来比较不同国家的教育体系，试图从中发现稳定的关系。这些关系虽不具有直接的因果性，但却能给我们很多启示。例如，我们可以揭示出这样一种关系：教育的不平等越严重，这种不平等就越有可能在下一代中复制，社会也就越缺乏流动性（迪贝、杜里–柏拉、韦勒图，2010)。揭示出这一机制远非我们想的那样平常无奇，因为确实有很多人声称预先选拔制对平民阶层中的优秀孩子更有利。社会学还揭示了多种属于这一类型的机制，如不平等的形成、犯罪或自杀因素、产生有组织的集体行动的能力等。

赖特·米尔斯（1916—1962），美国社会学家，文化批判主义的主要代表人物之一。

“好的社会学”即便不能囊括所有的个体行动形式和结构，至少也应该能够用更客观的、不以个体的意图和目标为转移的机制来考察个体行动的形式和结构。要做到这点，有两条可能的道路：或者从意义体系到客观机制；或者相反，揭示客观机制是如何将行动体系纳入自己的框架之内。总之，“好的社会学”应该既讲述行动者，也讲述社会。用赖特·米尔斯（1963）的话来说，应该在主观的个体问题和客观的集体问题之间建立关系。如何分析工人的劳动经验是劳动组织和资本主义的产物？如何分析劳动的组织和资本主义的调控是工人意识和行动的某种产物？这两种推理虽然不太可能完全融为一体，但是我们至少应该努力同时使用或交叉使用这两种推理。

社会学与社会问题的关系

在我看来，社会学有能力把对社会问题的兴趣和对社会学这门学科的兴趣结合起来。这是社会学的优点之一。社会学家在研究社会问题时，如果依据的不是身处其中的行动者（如社会劳动者、社会斗士或竞选当选人等）对这个问题所做的定义，那么他可能会觉得自己的研究很公正很有用，但是研究很难不受到相关行动者情绪和利益的影响。如果研究人员认为他理所当然应该接受有关机构（那些被认为是负责解决这些问题的机构）关于酗酒、轻罪[1]、贫困、学业失败等问题的定义方式，那么他的研究是不太可能产生中肯的结论的。如果他采纳了酗酒者、轻罪罪犯、贫困者或学业失败者的观点，他或许能说出更独特、更令人愉悦的见解，但是他的见解很难上升为对某个社会问题的研究。

然而，社会学必须和社会问题相结合。它必须关注社会的困扰和社会的兴趣，关注哪些因素在妨碍社会，哪些结果是社会所不愿看到的，更要关注社会不好的方面或是好的方面——这两者并没有高下之分。社会学如果把意识形态和事实、意图和实践、光明和阴暗之间的距离看成是一种深入社会生活和揭去其伪饰的方式，那它就是有用的。在我看来，“好的社会学”的艺术就在于能够把社会问

1 轻罪，相对于重罪而言。在法国，凡依法判处2个月以上、5年以下监禁或者2000法郎以上罚金的犯罪属于轻罪。

题转化为社会学的问题。“好的社会学”能够向世人表明：社会学的问题并不是没有用处的；社会学问题不是凭空产生的，也不是被喧嚣的社会破坏了纯粹理论的学者们的美妙推理。正是因为有了社会问题，社会学才得以进入公共辩论，表现出自己的有用性，并且具有了一定的公正性和真实性。

我们应该警惕这样的倾向：用“人口/问题”这一并列结构将社会问题分解成范围越来越狭窄的目标群体：青年，无业青年，少数群体中的无业青年，某个少数群体中的无业青年，某个少数群体中的无业女青年……这一清单可以无限制地延长下去。这样，某类社会群体和社会问题就成为某位研究人员的专属，而研究人员也就成为“他的”社会群体和“他的”社会问题的超级专家，有时还是唯一的超级专家和辩护律师。这一方面源于社会学的“专门化”，另一方面是因为研究人员想对各种个别的少数群体的各种个别问题进行总体上的描述。从这种意义上说，社会学研究的狭窄化和专门化的趋势其实是对社会的理解的一种倒退。社会学家变成了专门研究某个“动物物种”的专家。这种“人口/问题”模式的大量使用会使我们看不到社会生活的整体“生态系统”。这就像过分执著于某一种疾病会使人忘记健康问题一样。很多英国大学内社会学院系的组织方式可以证明这种担心并不是空穴来风。

4 社会学的批判功能和它的“再生”

- 除了几个公认的批判社会学家，社会学专业的毕业生也是社会体系的一部分吗
- 社会学家与社会秩序
- 社会学家在城市生活中的地位

这个话题让人回想起20世纪70年代的意识形态和政治气候[1]。当时很多人都认为，如果必须要选择自己的阵营，我们（社会学家）只能选择与“社会体系”合作或者与“社会体系”决裂。这种担忧其实充满悖论，因为在那个年代，社会学在专制国家是不存在的（社会学者受到当权者的压制或者操控）：在专制国家里，社会学或是被明令禁止，或是沦为技术门类，或是成为官方政治辞令的点缀。社会学只能选择一条道路的观点源自如下的社会想象：社会是一套完整的、强权的控制系统，人们只有通过革命（不管是社会革命、文化

1 20世纪60—70年代是美苏争霸的高峰期，发生了一系列表现为危机形式的对抗事件。此期间，美苏争霸态势因双方战略力量的升降而有很大的变化，并由此导致了国际战略格局的变化。

革命，还是各种希望自下而上摧毁既有秩序的小革命……）才能摆脱这个系统。由此可见，社会学就应该以揭露各种控制阴谋为任务，它应该指出社会运动和政党提出的改良主义幻想，无非是想使目前这个令人无法忍受的、注定要灭亡的系统苟延残喘。

如果社会学家受雇于某个组织或行政管理部门，参加了社会劳动政策、城市政策、青年政策或是预防轻罪的政策的制定，而又没有揭露所谓的福利国家的政策和机构其实是比较隐秘的控制和异化，他就会被怀疑在与社会体系合作。通常，担任这些职位的都是一些年轻的、初出茅庐的社会学家。为了证明自己没有和社会体系合作，他们可能就会被迫表现得更加激进，或是表现出更多的批判性。有极端批判倾向的社会学理论宣称，社会劳动者注定要成为服务于资本主义的“警察”。这种理论曾在很长一段时间内得到了社会劳动者的热烈赞同。其实社会劳动者并不是真的相信，不然他们早就直接去当“警察”了。

这种批判性的观点其实也是在间接地强调社会学的重要地位。因为凭借阶级斗争理论，社会学在知识界具有了很高的地位。社会学家相信社会学具有强大的力量，它能使世界维持现状，也能彻底改变世界。当时，这种信念对社会学是很重要的。如今，合作和决裂的分界线已经没有那么清晰。因为社会学家的政治使命不再是了解如何走出社会这个大体系，而是了解如何控制和改革这个体系。

时代变了。如今，社会学不再认为社会劳动是控制形式。社会劳动成为改善贫苦人群命运的方式，是必须要捍卫的“成果”。当初那些批判社会劳动的人转身变成了社会劳动最坚定的捍卫者。同样地，很多从前批判“资产阶级学校”的人也开始坚决维护受到商业影响和各种教学法理念干扰的“共和国学校”[1]的纯洁性。人们曾大力批判的资产阶级学校的弊端如今变成了共和国学校的优点。过去，人们认为二十世纪六七十年代的工业社会是消费社会剥削和反常日益加剧的“恶之果”；如今，人们逐渐开始赞美那个年代，认为那是一个美好年代，一个受到“福特式社会契约”[2]和“社会电梯”[3]庇佑的年代。

行动者归来

1981年法国左派获胜[4]后几个月间的局势表明：不管政治多数派发生多么重大的变化，都不会引起任何体制或社会的变化。在法国，从20世纪80年代起，社会学的风格发生了深刻的改变。A.图海纳著有《行动者归来》(1984)，其书名就是关于这种变化的最具

1 19世纪80年代，出任法国教育部长和总理职务的朱尔·费里创立了现代共和国学校。他要求所有15岁以下儿童——包括女童——必须入学，还确立了法国公立教育免费和教授世俗非宗教性的内容等原则。

2 1974年8月，尼克松总统由于水门事件而被迫辞职，福特出任美国第38任总统。在就职演说中，他提到要“与国民缔结史无前例的契约”。

3 指为促进社会流动和少数族群融入法国社会提供的快速渠道。

4 社会党是法国的社会民主主义政党，也是法国最大的左派政党。1981年5月社会党大选获胜，成为主要执政党，密特朗当选为总统。

格奥尔格·齐美尔（1858—1918）
德国社会学家、哲学家

概括性的表达。曾经，社会学强调行动者完全被系统的法则包裹；如今，社会学致力于揭示社会行动中蕴藏着的自由精神、主动性和批判性。福柯的思想经历了从《规训与惩罚》（1975）到《自我与他人的治理》（2008）的转变。在法国长期遭受冷遇的齐美尔由于芝加哥学派和互动论而引起很多人的关注[2]。在法国，读E.戈夫曼的《日常生活中的自我呈现》（1973）的人比读他的另一部著作《精神病院：探究精神病患者的社会环境》（1979）的人要多得多。法国社会学家引用戈夫曼的理论来论证行动者在行动并且在操纵着自己的“面具”和身份。社会生活不是社会体系构思出来的小说。社会生活是一幕正在自我书写的意大利即兴喜剧[3]，其中每个人物都在寻找适合自己的面具、身份和保障。常人方法学把这一推理

1 也译作《法兰西讲座1980—1982：自我与他者的政府》。
2 芝加哥学派是20世纪初至20世纪30年代，围绕美国芝加哥大学社会学系形成的社会学学派。20世纪初，齐美尔的社会学理论被芝加哥学派的几位创始人引入美国，并在20—30年代得到了长足发展。互动论指齐美尔通过抽象出社会互动的一般形式，总结了社会互动中的各种矛盾关系。
3 又称“假面喜剧”，是16世纪下半叶至18世纪下半叶在意大利广泛流行的一种独特的喜剧形式。剧中的主要角色及其姓名、性格都是固定的，各有定型的假面、服装；演员在舞台上依靠夸张的形体动作和模拟姿态来取得戏剧效果。

又向前推进了一步：社会体系概念本身没有具体涵义，它只是解释社会生活的方式（加芬克尔，2007）。理性选择理论，或者更准确地说，有限理性选择理论，不再被当成“美国自由主义的毒草”而被完全摒弃。个体阐述的社会观念不再仅被视作是意识形态，还被认为是可信的论证体系（博尔坦斯基、泰弗诺，1991；布东，1986）。社会学即使去关注极其个体性的社会经验也不会被指责为“唯心主义”。《世界的贫困》（布尔迪厄，1993）是当时最为成功的书籍。该书收入了一些未经加工的访谈和证词，这种方法如果出现在早些年，应该会在《社会学家的职业》（布尔迪厄、尚博勒东、帕斯隆，1968）一书中遭到谴责。社会学转而研究行动者当然并不意味着它忘却了社会控制这一主题，只是表明它认为这一控制不是绝对的。行动者可以有所作为，并且拥有行动空间和意识空间……这一切都会使合作和决裂的正面冲突逐渐得到缓和。

于是，社会学家的位置，或者说人们所描述出来的社会学家的位置，变得更加微妙。社会学家在社会“里面”，不是“旁边”，也不是“上面”。他们既不是魔鬼，也不是上帝；既不是像奴仆一样地跟社会体系合作，也不是像英雄一般跟社会体系决裂。社会学揭露隐藏的不平等、阻滞、明显的不公正，有时也揭露丑闻。社会学不仅解释这一切是怎么运行和发生的，有时还会站在社会体系的受害者的立场上去揭露某些机制。社会学呼吁行动计划、实践前景和对社会体系的调整。很显然，在谴责社会体系的同时，社会学家都会或多或少地和体系合作。在研究过学校和贫民区之后，谁还敢说要缩小学校的不平等、提高贫民区的可居住性，除了等待突然发生一次激进的革命消灭掉所有的问题之外再无他法？又有谁敢站在对立面说形势一片大好？谁敢说行动者只要不像工业社会的工人运动斗士那样强大就没有任何的行动能力？社会学家和所有人一样：他们揭发消费社会的弊端，但是他们本人也去买车；他们揭发文化产业的虚假，但是他们自己也看电视，甚至有时还会出现在电视节目上谈论他们以为的真知。头脑灵活的社会学家在服务于社会体系和质疑社会体系之间游走，而且还能保持平衡。

社会秩序的奴仆和敌人之间的分界线愈加模糊，因为批判被社会体系消融了。现在，我们对以下现象无法视而不见：那些最具批判性的知识分子同时也是最受民众欢迎的；电视节目喜欢知识分子，其中也包括揭露媒体控制的社会学家。发表一些理性的、有节制的言论，并不是吸引公众眼球的最保险的方法；相反，无情地揭露文明的终结、世界的商品化、不平等的丑闻、大众文化的低俗、时代的空虚，指责图片控、网络控、技术和国际金融统治之下的世界对人性的扭曲，这才是能被所批判的社会体系承认的最保险的办法。社会学家和知识分子有时就像说唱歌手或摇滚乐队一样：他们在反抗，痛斥世界是难以忍受的；同时他们也知道，这是一个可以得到容许的好方式，而且还不会被指责为是“作秀”——显然，作秀之风已盛行于媒体与政界。

有限的“再生”

社会学家的研究成果为社会所了解并“回收”，我觉得并不见得是件坏事。首先，处于争端当中的行动者会“回收”并“利用”社会学家的论文，从中汲取出一些概念、描述和论证。在这里，请允许我以自己对教育的研究为例。我曾经试着论证：教育的大众化、文凭实用主义的重压以及大众文化的竞争导致了学校文化正统性的削弱。这些因素都导致了传统教学形式的没落，事实上提高了教师的从业要求，增加了教师的从业难度（迪贝，2002）。我的这些论点在一些工会组织当中获得了一定的反响。因为工会组织从中发现了有力的论据，可以用来支持其缩短教师工作时间的要求。相反，当我试着论证社会体系的运行会给那些很少能达到教师要求的学生带来屈辱的时候，除了一些相对边缘化但是很有用的教学法使用者之外，没有人响应我的观点，尤其是工会。至于教育部，它的兴趣点自然更多集中在对改革的阻碍和抵制的描述上，而不是论文中提到的学生和教师的情绪。只有极度虚荣的人才认为自己的分析足够有力，甚至可以不顾及任何群体和个体的兴趣及利益。有些社会学分析文章比我的更受欢迎，可能也更扎实，但是它们也不能逃脱这一法则：社会学在社会里面，被社会吸收了。20世纪70年代中期，当R.布东（1973）揭露文凭膨胀的危险之时，保守派感到欣喜异常，因为他们一直坚持学校只能向那些具有一定出身或特殊才华的人开放。今天，布东的分析又被左派用来揭露学校对最贫困的群体所作的虚假承诺（波德, 2002）。换句话说，效力于权力的与其说是社会学，不如说是社会行动者接受社会学的方式。

另外要说的是，社会学也经常是不可“回收”的。当社会学揭露那些最沉重的社会不平等机制的形成和复制之时，它是很难被社会“回收”的。几乎没人相信揭露劳动组织的反常效应能引起劳动部门管理风格和权力关系的显著变化。对消费模式的批判性分析也不太可能对企业和消费者的策略产生立竿见影的效果。人们也不会认为，成千上万的研究人员，其中包括我和我的合作者（迪贝，1987；迪贝、拉博洛尼，1992），仅仅因为揭露了城市中少数群体聚民区的形成，就会在社会政策和刑法政策的建设中具有举足轻重的作用。简而言之，社会控制的各个“坚硬的核心”同时也是打开社会体系之门的钥匙。社会学关于这些“坚硬的核心”的明智而真实的见解，就算不被边缘化，至少也不会被社会“回收”。这不只是因为控制的“恶毒”或贪婪，更深刻的原因是我们每个人都或多或少地参与到我们所揭露的控制当中了。

社会学不是没有用处的。但是它的用处并不表现为义无反顾地从外部介入到社会生活里面。社会学就在社会里面，存在于社会生活的每个缝隙。既然它能带来知识和理性，那么向学生多教点社会学就是件好事。医生、法官、领导者、社会斗士等“创造”着我们所生活的社会，却往往并没有意识到这一点，他们都应该多学点社会学。我们不能过没有记忆和历史的生活；同样地，如果我们对社会进程没有基本的认识，也不能很好地生活。因为社会进程决定着我们的行为，而我们的每一个行为也都在建构着社会进程。

5 批判是社会学的唯一姿态吗？

- 没有批判就没有社会学
- 批判也有局限
- 什么才是合理的批判：你的定位和你的姿态
- 责任伦理学与“介入法”

我认为社会学，或者说大部分的社会学，天生就是具有批判性的。当社会学远离自发的解释社会生活的方式，当社会学揭示出标榜的原则和社会实践之间存在着很大的距离，它是批判性的。当它证明犯罪行为更多的是社会背景和社会力量的产物，而不是出于犯罪者自身反常的人格，它是批判的；当它告诉人们犯罪行为虽然是社会产生的，但是它们并没有完全剥夺犯罪者的自由和理性的时候，它还是批判的。当它指责社会控制“制造”了犯罪者，它是批判的；当它描述了犯罪者不仅仅是被动的牺牲品，它也是批判的。以上这些过于复杂的语句都在表达同一个意思：社会学是批判的。不仅因为社会学能解构人们在理解社会性时持有的既有观念、好的情绪和不好的情绪；还因为社会学能揭示社会生活的相对稳定性，尽管我们所标榜出来的意图和我们对社会生活的理解会对社会生活产生一定的影响。这种批判性不仅把“曲高和寡”的知识和“下里巴人”的知识对立起来，还特别强调解释社会生活的各种观点其实都是由社会地位、利益和文化决定的。社会学是批判的，因为它从不取悦于任何人。否则，我们就该为社会学担忧了。

社会学是批判的，还因为它揭示了藏在舞台黑暗角落里的社会生活片段。其中不仅有那些残酷的、令人愤怒的方面——监狱、收容所、贫困、私人暴力、劳动的痛苦，还有那些因为太过正常和常规而被人们忽视，或只有借助包装和解释才能被人们看到的方面。社会学是批判的，因为它展现了社会里真实的劳动。对一家医疗机构、一间教室、一个车间或一所实验室进行最准确、最具旁观性、有时也不失风趣的描绘和分析，这样做所具有的批判力量远远大于最激烈的论战。想要具有批判的目光，只要成为自己社会的人种学学家[1]、努力把社会当成陌生的对象来看待就足够了。医疗机构的真实生活不是它自己所宣传的或它自以为的那样：事实上，这里的工作人员与其说是在应用科学法则救人，不如说是在做更有实际效果的修补性工作。课堂的真实生活远非它自己“描述”的那样：事实上，教师在维持秩序上花的时间往往远远多于传授知识；

1 人种学学家研究的任务是对全世界各人种建立科学的分类系统，追溯各人种及其体质特征的形成和人种间亲缘关系的历史过程，并对这一过程进行科学的解释。

尽管师德要求教师关注所有的学生，但是教师对不同学生说话的方式和语气并不相同。工人的劳动也不像人们期待的那样：事实上，他们完成的劳动或者超出或者低于人们的期待；他们或者想方设法完成劳动任务，或者消极怠工以“抵制”劳动。至于实验室的生活，也和教材或论文中所描绘的场景大相径庭：激情、冲突和妥协在这里都能看到。当20世纪70年代的批判风潮衰落下来，E.戈夫曼这样的社会学家之所以能获得成功，有一部分原因就是他们揭示出社会生活里这种充满讽刺的关系。有点像古典主义时代的法国醒世文学（揭开教会伪善的面纱）那样，社会学也在试图掀起社会生活的面具：怎样在保住别人脸面的同时挽救自己的脸面？怎么给权力戴上面具以便别人无法反对？怎么表现出自己想让别人看到的样子？

批判主义的风格

“批判和社会学研究是不可分割的。”自认为是批判派的社会学家，或者更广泛地说，自认为是批判派的知识分子并不同意这样的论断。他们认为，只有当发表了一个批判性的观点，表达了一种愤怒、一种道德观或社会观，并据此来描述、分析和谴责世界的时候，他才是批判的。这种观点的优势在于它迫使社会学家说出自己依据的是哪些公理，他的视线、问题、方法和结论所遵循的“标准焦距”是多少。法兰克福学派[1]的批判传统建立在多个批判主义公设[2]之上：批判资本主义的工具理性化[3]，代表人有T.阿多诺、马克斯·韦伯；以“纯粹”交往的民主理想为名进行批判，代表人是J.哈贝马斯[4]；以要求承认个体为名进行批判，代表人为A.霍耐特（2006）。当然，还有很多其他的批判观。批判者不一定就是左派的：从法国大革命开始，就出现了反动的批判传统[5]，和自由的批判传统并存。后者对美国产生了重大影响。法国在20世纪70年代出现了一种被称作“列宁主义的批判观”，持该观点的人声称对历史法则的科学认识和无产阶级利益是完全一致的。此外，还有尼采的批判观，它力图揭穿上千种权力的诡计，最终得出社会的本质就是控制这一结论。

---

1 是以德国法兰克福大学的“社会研究中心”为中心的一群社会学学者、哲学家、文化批评家所组成的学术社群。在西方社会科学界，法兰克福学派被视为“新马克思主义”的典型，并以从理论上和方法论上反实证主义而著称。

2 公设指某门学科中不需要证明而必须加以承认的某些陈述或命题，即“不证自明”的命题。

3 “工具理性”是法兰克福学派批判理论中的一个重要概念，其最直接、最重要的渊源是德国社会学家马克斯·韦伯所提出的“合理性”概念。韦伯将合理性分为两种，即价值（合）理性和工具（合）理性。价值理性相信的是一定行为的无条件的价值，强调的是动机的纯正和选择正确的手段去实现自己意欲达到的目标，而不管其结果如何。而工具理性是指行动只由追求功利的动机驱使，行动借助理性达到自己需要的预期目标，行动者纯粹从效果最大化的角度考虑，而漠视人的情感和精神价值。

4 德国哲学家哈贝马斯，在20世纪70—80年代针对工业文明在现代西方的崛起所造成的人与人之间交往的异化状态，提出了其独具特色的交往异化理论。该理论以其特有的方式揭示了现代社会中主体间交往在由自在向自为的演进中所出现的负面效应，从而揭露出当代资本主义社会潜藏在文化领域（符号和意义得以表达的领域）深层的矛盾，并提出了通过交往行为的“合理化”来构建合理社会的方案。

5 意为法国大革命中的保守、保皇、复辟、教会等倾向。

弗里德里希·威廉·尼采（1844—1900），德国著名哲学家。他最早开始批判西方现代社会，然而他的学说在他的时代却没有引起人们重视，直到20世纪，才激起深远的调门各异的回声。

在我看来，如今占据主导地位的各种批判主义大都受到了尼采的启发，认为批判是对社会持续的解构。人们在解构社会学、历史和文学批评时所持的观点极其明确：对女性的控制、对从前的殖民地的控制、对性少数群体的控制、“正统”文化的霸权控制、文化产业的霸权控制……这样的列举可以无限制地延伸下去。对美国大学社会科学院系的结构加以参考并对本身进行调整之后，法国出现了很多研究上述课题的小组。这些研究小组认为社会只是控制产生的结果。社会控制首先表现在社会各阶层中，其次还表现在语言当中。语言拥有强大的表述行为的能力，能把人们的感受建构成社会现实。这样，批判就可以无止境地进行下去，因为每一个结构都可以被解构，每一个解构可以被再解构。例如，女权主义流派先是反对性别划分，然后随着“酷儿”理论[1]的诞生，又反对更广泛意义上的类别划分……依次类推，即使没有“事实”，批判也不会终止。

批判主义理论的优势在于它们没有遮掩，裸面前进。它们强迫自己或者从某条律则出发，或者站在社会行动者的立场上，阐明理论依据。这些理论依据因为是社会科学的天然属性，往往反而不被人察觉、不为人所知。跟所有科学一样，对批判主义“科学”来说，研究工作的科学价值是决定一切的首要标准。从马克斯到M.福柯，批判主义科学当然不能被简单概括为对某些公设具有的信念。而且，批判主义的批判也处于一个论证圈中，批判本身也要论证自己的前提。随着批判圈的发展，批判主义科学和“普通”的科学越来越彼此融合，这使得人们断言在批评家和科学家之间不存在隔离墙。那些批判家们，不论是自封的还是公认的，和他们的同事受的都是相同的教育，拿的都是相同的文凭，在社会中也占据着相同的地位。

批判主义的姿态

当批判主义只是在宣扬某种标准化观点的优越性，当批判主义

1 “酷儿”（queer）由英文音译而来，原是西方主流文化对同性恋的贬称，有“怪异”之意，后被性学激进派借用来概括他们的理论。酷儿流派反对性别的二元划分、男权文化和异性恋的霸权统治。

逃避别人对它的批判进行的再批判，这种“姿态”会让我感到有一点厌烦。这种批判主义者认为，别人批判的不是他的工作，而是他捍卫的事业。由于他捍卫的是被控制者的事业，因此他遭受的批判就是来自控制者的。控制者对他的批判无所谓对错，在本质上就是一种不公正。另外，我观察到，这种批判主义的姿态使批判家在机构里（包括出版界和传媒界）获得了不可小觑的利益。可是这些利益却被批判主义者说成是对批评的“回收”。归根结底，帕斯卡尔对那些在批判宫廷习俗的同时还能讨得君主欢心的“行家和半行家”的评价，也完全适用于这种批判主义的姿态。

布莱兹·帕斯卡尔（1623—1662），法国著名的数学家、物理学家、思想家。

严肃点说，当批判主义先锋不再迎战被视作社会秩序维持者的霸权主义文化时，批判其实是完全包含在现代文化之中的，成为一种以反对和推翻作为游戏规则的自反性[1]运动。大众消费、经济剥削、媒体的愚民、各种形式的异化、各种形式的男权和世界化……

1 “自反性”是一个解放的过程，把个人从对权力的迷信与重负中解放出来重新展现反思与批判的思维能力，重新审视、理解个人与社会存在的复杂关系网络。

媒体批判这一切，可是媒体也被认为是各种隐形的控制的载体。在今天，又有谁不知道这一点呢?

但是我对批判主义的抵制不仅是出于厌烦，更是由于我的行业、我所在的“圈子”的习俗。批判主义通常以社会行动者和个体的普遍异化为公设。它把某些社会看作是纯粹的控制机制，是制造幻想和错误概念的机器。它认为，在这样的社会里，个体就是细胞、棋子、齿轮，总之是由于愚蠢而感到幸福的傻瓜。批判主义声称要捍卫的那些遭受到不公正对待的受害者，也逃不脱这种普遍的异化：感到满意的消费者是没有想法的机器人；喜爱自己工作的劳动者，喜爱的其实是被奴役的感觉；传授知识的教师，传授的其实是权力。那么那些沉浸在恋爱中的幸福的个体又是什么呢?我不仅无法接受我的同类被如此描述，更不能理解：如果世界是批判主义的公设所描述的那样，那么批判又是如何成为可能的呢?如果异化是普遍的，我要通过怎样的意志活动才能逃脱异化?要么批判是一种象征性的权力，它止于批判者；要么批判主义是一种“贵族”的姿态，批判者居高临下俯视着芸芸众生。对社会学家来说，这有点难办了，因为依据这种逻辑，只要涉及社会学研究，社会学家的思想便不受任何社会约束了。如果真像批判主义常说的那样，霸权主义无处不在，那么批判主义思想家又是怎样摆脱霸权主义的呢?

在法国，从P.布尔迪厄（1997）和M.福柯（1984）开始，那些伟大的批判主义者也向自己提出了这个问题。因此我抵制的不是那些大师，他们的思想并没有只局限于批判。我针对的是那些把批判当成武器的狂热爱好者。也许是命运的嘲弄吧，他们自己的研究其实建立在武断的论证和无尽的引用之上。因此，批判主义的姿态并不一定能抵御对奴役的欲望和对崇拜的极度喜爱。

社会学的介入性

“介入”这个概念出自萨特的《什么是文学？》(1951)。与“批判”相比，我更喜欢“介入”。在民族解放、冷战、印度支那和阿尔及利亚的反殖民战争的背景下，萨特说任何文学都是介入性的[1]。不管文学本身愿意与否，只要它描绘世界、作用于世界，它就是介入

让-保罗·萨特（1905—1980）
法国作家、哲学家、社会活动家。

1 萨特本人多次背叛他自己的“必然”介入的概念。——作者原注

性的。即使它拒绝加入某一事业，它也在介入社会，就像弃权的选民正是通过不投票这种方式在参政一样。我认为社会学家只要赞成“一切都具有社会性”(包括社会学)，他就不应该反对有关介入的推理。介入需要两个智力活动。

韦伯(1965)就对建构社会学假设起决定作用的价值观这个题目做过一系列演讲，其中有一篇讲的就是介入。介入需要的第一个智力活动是价值观、信仰、思想和信念的净化练习。因为它们是社会学研究的根源。这些往往是不言自明的，但是如果能明确表述出来会更好。当然，人们一般都是支持善，反对恶；拥护自由，反对暴政；呼吁正义，反对不公正……因此不能只限于做过于笼统的原则性声明，这不是介入。我认为介入是在一些互相矛盾的标准化原则之间进行仲裁。在这一点上，我更赞成加缪而不是萨特的观点。我们知道，绝对的平等可能会威胁到自由。我们知道，自由需要限制和规范……我们知道，当考察个别的社会问题时，介入会处于极端复杂的两难困境中。怎么样才能既保证学生的公平，又承认个体的优点?怎么样才能既承认文化差异，又承认人们在能够和平共处的前提下对统一的渴求?怎么才能把个体的自由和个体必须彼此依赖及相互团结结合起来?怎么才能把劳动中的自我实现和经济效益结合起来?在我看来，介入要求社会学家思考这些问题，并且说出它们在哪些方面影响着研究结果。虽然研究绝对不是这些选择的变异形式，但是，很明显，研究也不可能完全不受这些选择的制约。批

阿尔伯特·加缪(1913—1960),法国小说家、哲学家、戏剧家、评论家。

判主义有时是站在世界的外面,设想出一种所有矛盾都会消融的前景——取消资本主义制度将会消除所有形式的控制,确立个体自由,实现世界大同。而介入则要求我们接受强加给我们的这些道德选择的悲剧特征。说得直白一点,在人生棋局里,人们不可能每盘都赢。所以,为了减少社会生活的不公正和令人难以忍受的程度,人们必须"干苦工"。

如果说介入的第一个智力活动表现在研究的上游,那么第二个智力活动则表现在下游,即预测研究结果的时候。介入可以表现为批判主义的愤怒呐喊,用实现终极理想为理由批判世界,也可以表现为社会学家以这样的公设作为自己的理论依据:社会学可以影响行动者的行动能力和趋向，哪怕影响甚微。韦伯将后者称为责任伦理学[1]。我认为它是唯一真正的伦理学，因为它会思考一个决议对某项政策、一部作品对艺术家、一个知识对科学家会产生哪些“真实”的后果。要知道，对于科学来说，知识本身就是信念伦理，因此介入要求社会学必须思考自己的知识对社会生活起到了什么作用。

这个问题显得很抽象，因为社会学知识很少能对社会生活产生立竿见影的效果。但是，另一方面，研究确实可以立即介入社会生活，因为研究往往在研究人员和他的研究对象——社会行动者及个体——之间建立某种关联。

批判主义往往以行动者的盲目性为种种假设的前提；而介入却包含着交互性，其基本原则是不把自己不愿套在身上的社会学模式强加给他人。这意味着研究者关于研究对象的行动、意图和动机所运用的诠释模式也适用于他自身。什么都不会比这样的说法更加令人难以忍受，即，社会行动者是厚颜无耻或者自我欺骗的功利主义者，而研究者才是想献身于科学和真理的利他主义者。什么都不会比这样的说法更加令人难以忍受，即，个体完全被决定，而研究者却天然能够逃脱使其他人陷入盲目境地的各种制约。既然社会学家也属于他所研究的“种类”，他采用的有关人性的理论和观念就应该也适用于他本人。例如，我就不能接受这样的做法：一方面揭露信

1 为了应对现代科学技术给人类带来的负面效应，应该发展一种新的伦理学来规范人类行为，以引导科学技术的开发和应用走上良性发展的轨道，这便是责任伦理学。

仰自由是一种内在化[1]的幻想；另一方面揭露者对自己的自由却从来没有表现过一丝的怀疑，他们认为自己完全有揭露别人的天真、幻想或恶意的自由。批判经常表现为贵族式的居高临下的姿态；而介入则认为研究者和他的研究对象之间存在着共同的人性，研究对象并不比研究者更愚笨、更疯狂或更盲目。

但是，这并不意味着研究者和研究对象之间没有距离。如果社会学家说的和想的都跟社会行动者一样，那么他们说得好听点是见证人，说得难听点则成了回音室。行动者的意图，行动者对自己的行动做出的分析，研究者的分析，这三者之间必然存在差异。因为研究者拥有更多的信息；他们能揭示行动者感觉不到或理解得不够深刻的机制；他们揭示的行动逻辑和关系，要求行动者的观点必须具有某种一致性才能理解，而正常的社会生活并不要求行动者具有这种一致性。因此，即使社会学家对研究对象表现出明显的共情[2]，社会学家的研究和行动者自己做出的分析也还是存在很大的差异的。

介入要求我们接受这些差异和误解。这一点做起来既不容易也不愉快。不管是罪犯还是警察，都不可能完全符合社会学对反常性和社会控制的分析。教师和学生也不可能完全贴合社会学对社会

1 内在化是一种心理和文化过程，在这一过程中个体认为自己是自己行动的主人，对自己的际遇负有责任。例如，如果我成功了，这主要是因为我自己；如果我失败了，这也是因为我自己。我不会把我的际遇归咎于他人或社会。——作者原注

2 共情，也称为神入、同理心，指的是一种能深入他人主观世界并了解其感受的能力。

经验[1]的分析。在和A.图海纳一起研究社会运动（图海纳等，1978、1980、1981、1982、1984）时，我深刻地感受到了这一点。当时我们对20世纪70年代的社会运动怀有很多同情甚至是热情——不论是新兴运动，还是像法国工人运动这样的传统运动。我们首先与那些运动斗士们进行了长时间的、大量的访谈，然后再对这些访谈进行分析。但是我们的分析和这些斗士的意识形态或自我描述并不吻合，也就是说我们给他们的行为赋予的意义和他们自己赋予的并不一样。这正是社会学的特性。于是介入就不可避免地给研究者和行动者的关系造成了紧张和误解，介入就变得很辛苦，有时甚至是痛苦的。对于批判主义社会学家来说，这些运动只要按照他们的方向前进，他们就会加入；只要违背了他们的方向，他们就会去揭露。而介入主义社会学家却始终处于一种差异当中。

归根结底，社会学家在进行双重介入：一方面，社会学家主要通过社会运动和他与研究对象之间紧密的联系介入社会。这要求社会学家运用在行动者身上的模式必须也同样适用于他自身。另一方面，社会学家还介入到知识活动中。知识活动的规律和约束使得社会学家必然远离社会行动者自己定义的意义领域。介入就是承受并掌控这一差异的能力；而批判主义姿态则旨在消除这一差异，因为它假定社会行动者是既“失明”又“失聪”的。

1 作者认为行动者在各式各样境遇中做出自己的选择，其背后的客观逻辑是社会经验。

6 个体社会学

- 社会学在朝着心理学转变吗
- 现代性和个体主义的社会学
- 张扬的个体：特殊性与精神自主
- 有社会条件，才有个体经验

个体和社会的对立是诸多应该立即摒弃的陈词滥调之一。不仅因为我们很容易就能观察到社会是由不同的、独特的个体所组成，而且因为个体都被社会化了，人们并不清楚个体在被社会化之前的样子。这一对立没有任何意义，还因为人们普遍接受了L.迪蒙（1983）关于整体的社会和个体的社会的推理，认为现代性是个体主义的。事实上，这一看法产生的历史和社会学的历史一样悠久，甚至它还先于社会学产生，因为启蒙哲学就是以一种默示的个体主义社会学为基础。另外，我们也不要忘了基督教和柏拉图……这一论述并不是说在传统的整体主义的社会里就没有个体。它强调的是在这些社会里，个体不是社会生活的中心，因为这些社会的选择空间非常有限，因为这里的社会生活的各个方面都嵌合在一起：国家和宗教、家庭和经济基本没有分开。相反，个体主义社会开放了这些空间，把宗教和国家分离，把公众和私人领域分离，并发展市场。最重要的是，个体主义社会把个体看作是一种道德的实现和政治合法性的源头。

嵌入的个体

从托克维尔至今，大部分社会学家都认为现代性是个体主义的。托克维尔认为，个体拥有越来越多的选择和自由。他们必须自由，必须成为个体，因为人们越来越平等。涂尔干认为个体主义源自劳动的分工。韦伯认为新教伦理的个体主义是现代性的起源。齐美尔把个体主义、城市社会中的文化抽象化趋势和社会交流的短暂化特征联系起来……然而，这些社会学的奠基者们虽然宣布个体主义的统治是不可避免的，但是他们和个体主义的关系却相当暧昧。托克维尔看到大众社会正在取得胜利，新的暴政的威胁正在形成。涂尔干担心失范和自私自利会摧毁社会。韦伯认为实用个体主义的普及正在使世界破除幻想，新教伦理正

托克维尔（1805—1859），法国历史学家、社会学家。

在成为一种运动反射。齐美尔看到一种“文化的悲剧”正在孕育，在这幕剧中，个体经验和集体生活将逐渐分离。

面对这些威胁，社会学创造出一个概念：被包裹在社会里的个体。个体是一种社会产品，他被社会化是为了自由且自主地实现社会对他的期许。归根结底，个体是自主的，因为他被高度社会化了，因为他赞同普世原则，因为他使社会标准内在化，他能高效地走进社会，并把自己看作是一个个体，也就是自己行动的主人。涂尔干、帕森斯、埃利亚斯、米德都在发展对个体的这种描述。根据这种描述，个体也可以被视作主体，因为个体主要受自己内心的驱使，而不是他人的期许。个体对自己的感情和判断都很确定，有自我思考的能力。当潜在的负罪感替代了简单的社会羞耻感的时候，个体也有自我汇报的能力。

对个体主义问题的这种解答存在着一个风险：个体似乎只是一种幻想；个体的存在就是为了实现社会对他的期许。这一立场被批判主义社会学家和福柯推向了极致。他们断言个体主体是一种必然的虚构，一个被控制和权力附体的幽灵。只有当出现了危机，已经被内在化的法则不再适合形势的时候，被高度社会化的个体才会从危机中浮现出来。但是在这种情况下，个体可能会显得无能为力。

人们也不能轻易地摆脱个体，因为虽然“个体是一种虚构”这一理论很强大，但是每个社会学家都乐意把自己视作个体。以法国的B.拉伊尔（2004）为代表的社会学家认为，个体是独一无二的，每个个体身上都凝结了不同的社会化进程。我们是个体，因为我们每个人都是某一段特定的历史和某一个特定的社会化进程的产物。在平均统计数据和简单的因果关系后面，隐藏着分配数列和复杂的因果联系。我们可以从事有关个体个殊性的社会学研究，但是必须摒弃显微镜式的方法，而要建立一种社会心理学，来解释为什么每个人都成为了他自己，而不是别人。根据P.布尔迪厄的说法，这其实是古典社会学的延续。人们停留在被社会嵌入的个体的模式上，像从事微观史学研究一样从事着社会学研究。

从嵌入中突围

走出嵌入的个体模式包含两种对立的方式：第一种方式是回归广义的功利主义。功利主义认为，个人是根据其资源和信息使自己利益最大化的理性主体。功利主义心理学正是据此把个体置于社会学推理的中心。如果人们承认功利主义追求的不只是经济利益，还有权力、象征性的利益和社会利益，例如关系和社会资本，这就是古典经济模式的泛化。J.科尔曼（1990）曾为这种观点做过辩护。更广泛地说，所有有关理性选择的理论都承认这种观点。此外，人们还重新解读亚当·斯密，认为《道德情操论》和《国富论》同等重要，前者是后者的道德补充。这种模式虽然认为个体是首要的，但是它把个体看成是一种抽象的存在、一种智能机器人，试图用认知心理学[1]来洞悉个体的秘密。直至今天，我们也不能否认，这是最有影响力也最有创造力的理论体系之一，因为它具有高度的概括性，而且提出了一些非常精巧的推理模式。J.艾尔斯特（2007）对这种推理类型进行了天才的发展。新近的诺贝尔经济学奖得主也在发展这一模式，从而使自己的研究超出了狭义的经济学领域。[2]

如果我们提出"社会学能否成为一种特殊心理学"这个问题，那就涉及另一种个人主义，也就是D.马尔图切利（2002）和F.德·山格利（2005）等法国社会学家对个人主义的定义。尽管他们的观点并不完全一样，但还是能够概括出一些共同之处。他们的首要命题都是坚决捍卫个体主义，反对传统的对个体主义的怀疑。他们认为个体不仅是自私的、功利的，还是具有自控能力、交际能力以及利他能力的道德主体。当社会再不能靠宗教和政治乌托邦来规定有关"善"的共同原则之时，承认个体的特殊性和道德自主性就成为一种人文主义、一种理想，人们应该通过思考个体的构成条件来加以提倡。

依据这种观点，我们应该从社会对个体的绝对包裹中走出来（这也就是走出嵌入的个体模式所包含的另一种方式），任何个体都不是

---

1 认知心理学是20世纪50年代中期在西方兴起的一种心理学思潮，是作为人类行为基础的心理机制，其核心是输入和输出之间发生的内部心理过程。它与西方传统哲学也有一定联系，其主要特点是强调知识的作用，认为知识是决定人类行为的主要因素。

2 指2002年诺贝尔经济学奖得主丹尼尔·卡恩曼和弗农·史密斯，两人的研究扎根于两个有着明显区分但目前却融汇在一起的领域，即认知心理学家有关人为判断和决策的分析与实验经济学家对经济学理论的实验性测试。

也不应该被简化为各种社会条件组合在一起的机器人。这既是经验论的观察，也是一种研究框架：我们应该了解当传统的制度和社会控制对个体的压制开始衰落的时候，个体是如何发展的。当结构不再决定行动的时候，是个体和个体之间的关系“制造”着社会。现代家庭的案例最能说明这一点：现代家庭的建立基础是追求“共同自由”的个体之间的情感需求和节约劳动力的需求。(山格利，2000)

此外还有第三种观点：个体不是在一个社会空洞里面建构起来的，而是通过一系列的关系，一系列职业的、家庭的、爱情的考验建构起来的。这些考验既可能促成个体的实现，也可能毁灭个体(马尔图切利，2006)。根据这种观点，一个社会只有能够为个体建构他们可以战胜的考验，才称得上是一个好社会。

以上这三个假设引发了以个体的主观性和私密性为中心的社会学实践。爱情故事是如何形成的？人在劳动中是如何自我实现或自我毁灭的？如何过夫妻生活？如何教养子女？如何战胜疾病、面对死亡？这些主题给个体主义社会学带来了一种家庭氛围和一丝心理学的色彩。从前是宗教和心理学才具有这种治疗和道德引导的作用，如今社会学也参与进来，提出了一种类心理学理论，旨在帮助个体战胜考验，实现自我。社会的反射性不是以作为整体的社会为中心，而是以个体为中心。个体的主观性被认为是社会的一种自我建构。于是，社会学家开始介入到他们从前不常关注的问题中：爱情、代际关系、性、收养……另外，我观察到，一些不太关注这些主题的社会学家，如A.图海纳（1992），也提出了类似的论断。他们认为，在今天，个体的行动常以实现自己的权利和使社会承认自己的身份为目的，个体的主体性的实现是抵抗那些由分解社会生活、催生暴力、扩大不平等所产生的集体和经济方面的原动力。

如果我们承认认识论角度的个体主义公设（个体是最确定的现实），或者是规范性的个体主义公设（个体的实现是一种道德财富），我们就应该为社会学的这种改变而感到欣喜。社会学家们曾经略带嘲讽地研究梅尼·格雷瓜尔[1]和弗朗索瓦兹·多尔多的私密情感节目，而如今他们也逐渐出现在她们的节目中，还有那些专门探讨爱情、家庭和美容问题的杂志上。如今也不只有社会学家在这么做，一些知名的哲学家也靠给人开幸福“药方”和智慧“药方”而获得成功。

伍迪·艾伦（1935—），美国导演，以高产而优质的喜剧电影而闻名世界。

1 法国著名脱口秀节目主持人。

不少社会学家还将个人隐私暴露给公众。这也完全符合个体主义信念：社会生活在个体当中进行。然而，我们也不能因此就把社会看成是简单的背景，而忽视它的作用。要知道，人们喜爱伍迪·艾伦的喜剧作品，部分原因是别的电影都是些社会史诗或悲剧。

个体和社会经验

我个人比较关注这样的主题，尤其赞成个体有成为个体的权利，这个权利是唯一可能得到普遍认同的道德和政治原则。虽然我们不能再定义什么是好的社会，但是我们可以思考有益于个体的社会是什么样的。然而，与其讨论个体本身，我更愿意尝试探索使个体得以形成、行动和自省的社会条件是哪些。要完成这一任务，最简单的方法就是首先去那些不太具备这样的社会条件的地方看看。

正是出于这个原因，我研究了一些案例——郊区的年轻人、初中生、高中生、教育界人士和卫生健康界人士的社会经验，试图剖析他们建构自己的活动和在所处的环境里生活的方式（迪贝，1987、1991、2002；迪贝、马尔图切利，1996）。与其用社会运行的好坏或者用他们受到的那些束缚来解释他们的社会经历，我更关注他们看待自己处境的方式和他们对自己的行动所做出的解释。因为，只要假设个体是存在的，就应该承认个体的数量远远多于制约他们的条件的总和。

在一部有点偏理论的综合性的著作（迪贝，1994）里，我尝试过介绍一种有关社会经验的推理。简要说来，即从个体的角度看，社会经验既是考验和条件的总和，也是行动和主体性的义务。个体被三大机制制约、决定和约束。首先，个体的身份和社会地位不是自己选择的，而是被给定的。在大多数情况下，个体致力于保护这些东西。其次，行动者是在各种市场里行动，他们总是试图获利，但是这一逻辑深为物质的、社会的和象征性的资源的分配不均所制约。再次，个体在自我思考。对个体成为自己生活主体的能力的象征性描述，有文化、艺术、宗教和媒体对个体做出的，也有个体自己关于自我的实现和掌控的想象（个体就是基于这些描述和想象开始进行自我思考的）。

根据古典社会学的描述，在这三种机制互相嵌合的情况下，个体成为一个社会人，他的主观性和人格都深深地嵌合在社会里。我的一般假设是这个时代已不复存在，决定和约束着个体的各个系统之间的区别越来越明显，彼此越来越独立。对个体主观化的需求在增长，社群和市场彼此分离：个体应该过好自己的生活，有一些规划，去工作，去恋爱。他应该激发自己产生动机，同时不能轻信社会系统。归根到底，他应该把自己看作是自己生活的主人。他应该既是一个个体也是一个主体。我们之所以必须行动，必须建立我们自己的社会经验，是因为一个具有整体性和统一性的体系正在解体。我们完全被社会化了，而且在大多数情况下，我们完全被社会决定。

但是，决定机制的异质性又迫使我们重新建构自己的经验和主观性。社会经验是社会建构的，它是社会给自我的形成所设置的考验。它既有完全的社会性，也有完全的个体性。

我对那些生活得比较艰难的阶层做过一些研究，研究结果并没有出乎意料之处：社会对能给个体带来成功的各种资源和条件的分配是特别不公平的；社会整合形式的牢固程度和合法性不尽相同；可支配资源的密集和有效程度存在差别；主体与象征性描述之间的差距也有大小之别。因此，对于那些居住在郊区的年轻人来说，他们所经历的艰难首先是对他们个人的一种毁灭和威胁。作为回应，他们不断张扬自己，并且在骚乱和暴动中表现得特别愤怒。他们或者变成“反社会”的主体，或者从社会退回到社群、宗教想象或对成功的偏执当中。在学校这个远没有那么冷酷的世界里，学生们也在建构一种经验，这种经验建构的关键就是给他们的学习赋予意义。有的学生能够达到学校的要求，而对那些课业“失败”的学生来说，学校的经历则是一种持续的羞耻，他们只能在痛苦中退缩。这两种学生之间的不平等是非常严重的。那些能够改变他人命运的教育、公共卫生、社会劳动界人士，也被迫主观地介入到某种活动中。在不同的背景和条件下，他们作为个体在这些活动过程中或者得到了建构，或者受到了体系的威胁。我的一般假设是：以前是某种象征性体系通过各种机构作用于他人，负责调整各种关系和建立权威，如今这一体系已经开始解体（迪贝，2002），于是，职业经验发生了变化：人格优先于角色。要想激起别人的动机，首先要自我激发。个体有义务作为一个主体介入到社会生活当中。有时这会使个体筋疲力尽，就像有关疲劳、压力和过度劳累的研究所揭示的那样。

社会条件和个体经验

如今，隐私越来越多地暴露在公众领域。也许是性格使然，也许是因为我跟新生代之间存在着代沟，这有时会令我感到有些不适。某些报刊的风格和某些有关私密领域的电视节目也让我看不下去。虽然我赞成社会学向“心理学”的形式演变，但是这种变化还是使我感觉不太舒服。我有时也会想，在私密领域，社会学一定就比心理学、小说或电影更能说明问题吗？

我之所以显得有别于我的“个体主义”同行们，是因为我更关注个体的形成和行动条件，而不是个体本身。我认为，机构的运行、社会控制、政治代表机制、社会不平等、文化的冲突、不公正的感受……这些因素才是决定性的。今天，我们处在一种“紧张”当中，或者说处在一种根本“矛盾”之中。一方面，我们成为经验主体的义务越来越凸显；另一方面，除了社会中高阶层和各种“生活竞赛”的获胜者们，其他个体所处的社会和文化条件越来越不利于他们成为自己经验的主体。

面对这一矛盾，右派和左派当中的保守人士都断言个体主义是一种幻想，建议回归古代那种假定的稳定和整合的秩序。我认为这一前景既不可能也不可取。我们应该认真地思考个体和主体的形成条件，而这恰恰要求我们远离个体，回到社会当中。继“行动者归来”之后，我们也许应该开始思考“社会归来”。这里我说的社会不是一个组织体系，而是各种形式的社会生活。我们看到，在今天，个体的形成受到了各种矛盾的力量的威胁。就像2008年的经济危机所表现的那样，市场似乎不再受任何人的控制。在一些群体突然陷入了空虚和贫困的时候，投机却给另外一些人带来了可观的财富。宗教和种族团体开始重建，它们既互相开战，也跟它们自己的个体进行战争。民粹主义在各地都顺风顺水，形成了一种所谓的“软法西斯主义”。左派改良主义处境不利。当然，一些社会运动能抵抗这些解构力量。我坚信，社会学通过思考社会生活的重建条件也能起到自己的作用。这也是社会学最古老、最根本的使命。社会学没有理由放弃它的使命。社会学应该在个体主义的旗号下承担起自己的使命。

7 社会公正和不公正

- 你为什么关注社会公正
- 不公正是一种原始经验
- 公正：那些自相矛盾的原则
- 什么是公正的社会

研究者为什么会选择某个课题，他所陈述的理由一般都经过了事后的重新建构。尽管如此，我还是要说，我对社会公正或者说不公正的关注源于政治。这里的政治不是狭义上的政治派别。跟大多数人一样，我看到我们所生活的社会是极端“活跃”的，充满了各种争端、抗议、斗争和批判。和工业社会的工人运动不同，如今的这些斗争彼此间并没有结成联盟。我看到不平等的状况不仅在加剧，而且形式也发生了很大的改变，呈现出多样化的特征。我看到现代社会都是多元文化社会，各种文化——尤其是个体主义和集体主义——之间关系紧张。这和现代民主的民族国家成立之时大不一样。当时，在古典社会学的推动之下，民族国家理论成为主导性的理论。如今，世界化使得欧洲现代社会的形式发生了改变，在各种社会学观点之间能够达成某种一致性就尤为重要。

要想形成一致，超越利益和身份的对立而和平共处，我们有多种途径可循。美国的社群主义[1]哲学认为，要想达到政治和社会上的一致，必须具有共同的价值观，要承认对方的文化。这样，个体才能具有某种一致性，民主生活才能具有一定的道德密度[2]。简单地说，社群主义者认为，对于具有同质文化和有序的社会组织的民族社会来说，当其旧有的一致性已不再行之有效，就应当奉行“良善优先”的原则。其他的社会学家，例如哈贝马斯等人则提出了“宪法爱国主义”这一带有英国色彩的原则。他们认为要化解各种冲突和不一致，个体必须能以民主的方式参与到制度的制定当中，从而对理性辩论的程序、权利和能力形成某种一致的原则。从广义上说，宪法爱国主义认为政治是社会的基础。还有的社会学家，例如罗尔斯等人则提出了“正义优先”原则。他们继承了休谟的功利自由主义，认为关于“善”的各种定义彼此间是不太相容的，因此政治博弈应该以某种潜在的社会契约为前提。这种观念认为，如果人们能够忽略社会地位的差异，各种正义原则之间是有可能达成一致的。这三种观点都很尖锐。一致性的问题主导着文化的相容性。罗尔斯等人对这个

1 社群主义是20世纪80年代后产生的当代最有影响的西方政治思潮之一。社群主义的哲学基础是新集体主义。认为个人及其自我最终是他或他所在的社群决定的。

2 道德密度指的是人均承担的社会关系数量。

问题并没有做详细的论述。我之所以把一致性问题作为我的出发点，一方面是因为有关社会公正的各种观念对我们的社会生活具有重要影响，另一方面是因为我们感受到的社会不平等并不是真实的不平等的反映。例如，跟法国和瑞典相比，在美国，认为社会不平等过大的人相对较少。其实，法国和瑞典社会的不平等程度几乎只有美国的一半（迪贝、杜里–柏拉、韦勒图，2010）。显然，这不能归结为美国人不够聪明或者不太正常，也不能归结为欧洲人充满智慧或特别爱发牢骚。这是因为不同国家有关社会公正和不公正的观念是不一样的。

1999年，我曾经直接参与到政治中：我受法国教育部委托，负责提出初中的改革方案（迪贝，1999；迪贝、杜里–柏拉，2000）。当时，我逆时代风气而动，提出在初中实行单一学制，也就是孩子们直至16岁都必须接受共同的学制。我反对在初中根据学生成绩进行分班，更不赞成淘汰那些所谓不具备接受初中教育资格的学生。我的改革方案有切实的社会学依据：初中教育应该给学生们打下一个“共同的知识和能力基础”。这场改革把我卷入到有关教育公正的辩论当中，迫使我从社会公正出发，对筛选的作用、教育的本质以及行动者的自由等主题和别人进行辩论，从而阐明单一学制是初中所有学制形式中最公平的或许还是最有效的一种形式。

社会公正是什么?

我对不公正的关注源于我发现学生们特别在意公正。那些经常受轻视的学生对学校里的等级制度有着非常清晰的感受。另外，学生们还强烈地感受到，承认他们的成绩和维护整体上的公平两者是互相对立的。他们对学校和老师有两个先天矛盾的诉求：承认个体的成绩——这自然是不公平的；维护所有学生基本的平等。总之，他们希望维护公平但又不会损害他们的独特性、个性以及如何做事的权利。这一切并不像人们想象的那么平常，因为学校的经历具有规范、道德甚至是政治的意义，学习、努力和成功这些方面的不平等会对道德和政治准则产生立竿见影的影响。

故此，社会学关注对于不公正的感受，其实是从道德、规范或伦理的角度来研究各种社会经验。因为不是每个人都能明确地说清楚什么是公正的社会。但是，人们完全能够说出自己所认为的不公正是怎样的。从这种意义上说，对不公正的经验是人的原始经验。J.-J.卢梭和J.热内[1]等人的文学作品就涉及了不公正这个主题。另外，B.摩尔（1978）的一本社会学著作也对不公正进行过阐述。我

1 J.热内（1910—1986）法国作家。他的生平颇为传奇。幼时被父母遗弃，后沦落为小偷，青少年时期几乎全是在流浪、行窃、监狱中度过的。热内认为他的犯罪是社会环境造成的，但这个伪善的社会本身却不受任何惩罚，所以他决定与这个社会势不两立。他发现写作是一种更为有效的叛逆方式，于是在监狱中创作了小说《鲜花圣母》《玫瑰奇迹》。这两部作品以及热内的另一部小说《小偷日记》都带有相当程度的自传性。

们每个人不仅能说出自己所认为的不公正是怎样的，而且还能说出为什么觉得它不公正。如果有人问我们理由，我们都能说出自己认为某个行为不公正到底依据的是哪条公正原则。不管一个人有怎样的文化背景，他都能说出："这是不公正的，因为……"博尔坦斯基和泰弗诺（1991）认为行动者援引一些具有一般性的正义原则是一种"自然的"行为，因为根据J.皮亚杰和L.科尔伯格的观点，每个人——包括孩子——都会有这种行为。

这一点对于社会批判非常重要。我们与其采用某种高高在上的批判观，不如脚踏实地地去理解社会行动者的批判是如何建构起来的。如果我们肯去询问和聆听行动者，我们很容易就会发现个体本身已经具备足够的批判性，不需要再去加强。从事着繁重的体力劳动而且薪酬低下的工人们知道自己在被剥削；女性和少数群体知道自己受到了歧视。总之，不管个体所处的社会地位如何，他们都有足够多的理由抗议和批判社会不公正。而且，他们所做的不仅限于抗议，他们还知道援引公正原则、理想和价值观来抗议。人们对自己的批判进行着建构、加工甚至是矫饰。我们每个人都像是哲学家，根据自己的社会不公正经验来阐述潜在的关于公正的理论。然而，我们发现每个个体所援引的公正原则其实是每个人都一定会认同的共同原则，也是每个人都必须接受的原始原则。当然，这并不意味着在所有人之间存在着某种一致——毕竟各人的社会地位和利益不同。但是，在批判不公正的时候，行动者们使用的是相同的词汇和语法。也许他们说的是不同的句子和不同的话，但是他们用的是同一种语言。

在一项有关劳动中的不公正感受的经验论研究中，我发现了一个有关不公正感受的共同“句法”（迪贝，2006）。劳动者在批判不公正的时候通常都会提到三个公正原则：平等、功绩和自主。他们希望得到“平等”的对待，希望他们的“功绩”能够得到承认，希望在工作中得到充分的、“自主”的发展。当然，每个人因劳动经验的不同会以不同的方式来使用这些原则，但是这三个原则会以共同的公正原则的面貌出现——只要人们承认：尽管存在各种社会不公正，人与人之间根本上是平等的；每个人的劳动、努力和才能都应该得到奖励和回报；工作应该是实现个人价值的载体。

这项研究揭示了这样一个事实：尽管个体可以像哲学家一样推理，但是他们并不像哲学家那样在意推理的严密性和综合性。以个体的看法为例，他们所使用的公正原则是互相矛盾的。绝对的平等会损害功绩和自主两个原则，因为功绩会产生不平等，自主会加强个体性。同样，绝对奉行功绩原则也会损害平等和自主，因为自主有可能会不符合功绩评判标准。最后，如果一味地注重自主、追求绝对的自由，就会损害平等和功绩。就这样，社会批判在多个领域同时展开，而且一直处于变化之中。个体则陷入了无休止的批判“圆圈舞”，因为他们一直都得组合互相对立的公正原则，也因为他们重视所有的公正原则。

公正原则的这种“多头制”使得社会规范一直处于动态之中，产生了不可忽视的实际影响。首先，尽管个体使用了共同的句法，但是他们的批判很难达成一致。其次，这种“多头制”使得批判和行动之间产生了距离。因为有些现象从平等原则看是公正的，但是从功绩和自主的角度看可能是不公正的。例如，在我的研究中，被询问到的劳动者都主动地批评失业现象，但是这并不意味着他们对失业者总是非常宽容的。依据功绩原则，他们经常会怀疑失业者不够努力。基于自主原则，他们有时会批评失业者不够自主和甘愿处于辅助角色。如果功绩得不到承认，劳动者就会抗议，说这是不公正的。但是，对于那些被认为贡献不够多的人来说，这种情况又会带来另一种不公正：缺乏团结。总的来说，人们对功绩的赞同和对社会不平等的批判是成反比的（迪贝、杜里-柏拉、韦勒图，2010）。总之，人们在批判集体行动的时候没有固定的原则，具体动用到哪条原则要看具体的条件和批判的对象。然而，当代资本主义采取了温和的方式来实施自己的权威：远离劳动组织的经济决策中心，采用巧妙甚至是反常的管理方式。当代资本主义实施的是一种没有"面孔"、没有行动者的控制：老板从来都不在人们等待的地方。另外，在谴责老板的同时，劳动者还经常把遭受到的不公正归咎于他们的同事、客户或用户。在这种情况下，劳动者怎么可能组织集体行动以反对自己的同事、客户、学生或患者？但是我们可以放心的是，尽管批判和行动之间存在巨大的距离，社会生活绝不仅仅是沉默和痛苦，还充满着罢工、危机、抗议和暴动。

什么是公正的社会？

在了解了公正原则的"多头制"之后，我们就会理解，要想定义"什么是公正的社会"只能是虚幻的、美好的愿望，难免陷入幼稚和夸张的描述。公正的社会很难定义，因为公正需要结合各种不同的原则，这些原则既彼此对立，又密不可分。例如，功绩原则要求具备两个前提：人与人之间根本上的平等和相同的自由。正是出于这个原因，我认为，与其赋予某一个公正原则以优先地位，不如提出什么是可以接受的、可以包容的不公正。我的这个选择还源于“责任的伦理”和我前面提到的政治介入。关于社会公正的思考不可能不涉及社会阶级、群体、政治模式，因此我们必须考虑观点的可行性和可能引起的后果，尽管我们的观点可能会因此显得不够宏大和简明。

在负责初中教育改革的时候，我曾写过一篇有关学校公正的随笔（迪贝，2004）。在文中，我试图定义：假设不会发生彻底的社会变革，也就是在我们目前的社会条件下，一个公正的学校可能是什么样的。我首先想维护最弱势的学生的利益，因为我知道这种弱

法国阿尔伯特·爱因斯坦中学

势很大程度上来自先于学校的社会不平等。学校不平等的程度有别于社会不平等的程度，这样我们就有了行动空间。我提出直至初中毕业都实行一种共同的完全没有筛选机制的学制。我把这种学制的目标定义为共同文化，也就是社会必须向所有学生提供的文化教育，不管他们以后的学业前途如何。这就意味着初中不能被定义成高中的第一阶段，而要有自己的目标。这种共同文化必须包含职业和技术文化，这样，初中毕业之后进入职业学校才不会被认为是对学业失败的惩罚。社会还必须确保每个学校的教学质量相同，而如今的现实却远非如此。在义务教育之后，学校奉行功绩原则是正常的——尽管人们对功绩的真实性和衡量标准还是存在质疑，但是竞争如此残酷却不能保证公平，这是不正常的。因此我建议大幅度提高对弱势群体的供给质量，降低精英文化的社会影响，因为精英文化会把教学质量和学业成就转变为一种过度的、带有羞辱性的不平等。我建议加强教育系统内部的流动性，建立对个体更关心、更友好的学校。这几个建议可能显得不够大胆。但是，由于大家都明白学校内部的职业常规和理念，以及包裹着它的各种社会利益会影响到我们孩子的未来，我可以确定，我的这些思考引起的反对会比赞成多得多。

在另外一篇短小的随笔中，我试图把视线投向更宽广的领域：我指出法国社会对不公平的总体观念已经发生了变化（迪贝，2010）。在过去很长一段时间内，我们强调地位的平等。我们通过工人运动和福利国家的税收再分配，来减少各种社会地位之间的尤其是社会阶级之间的不平等。这种公正观似乎已经走到了尽头：它只关注行业内的不平等；它对性别之间、文化上的少数群体和多数群体之间、代际之间的不平等视而不见；它给经济造成的负担越来越重。机会平等模式在法国得到普遍承认已经有几年的时间，在盎格鲁—撒克逊国家则有更长的时间。依据这种公正观，社会不平等首先被定义为歧视和不公正的障碍，这些歧视和障碍不利于弱势群体特别是文化和性别受到某种歧视的群体的流动性。在这一框架下，人们更关注社会竞争的公正性，而不是生活条件的不平等，因为人们可以通过竞争提升自己的社会地位。在理论上，这个模式不存在多少争议。但是，在实际应用中，它有可能引起无法预计的、不公正的后果：成功者和失败者之间的差距拉大；精英主义膨胀；没有把握住机会的失败者对此加以谴责；地位的交换给不同的阶层带来的利益存在着差别；平民阶层由于精英的流失处境更加不利；失败者之间恶性竞争；不平等飞速扩散……我的这篇随笔得出的结论是，地位平等优先。我的目的不是为这种已经衰落的模式辩护，而是要革新它。要记得，事实上，正是在尽力追求地位平等的过程中，社会流动性才能达到最大化，机会平等才能得到实现。

这两篇随笔都属于带有公共社会学性质的介入性作品。文章虽然短小，但是信息充足，主题明确，都以经验论研究为依据，力图影响公共辩论。它们都入选了瑟伊出版社的优秀丛书——《思想共和》。社会学的有用性这个问题，归根结底是想知道社会学能给我们带来什么。社会学研究确有价值吗？除了写作的乐趣和某种个人的满足之外，它还有什么别的用处吗？

8 社会学跟哪些人有关？

- 社会学不只是专家的事情
- 大众传媒，想说爱你不容易
- （社会学在）公共生活中的作用

社会学研究成果面向各类不同的读者群和知识“市场”。第一个市场是学术期刊。这个市场非常狭窄，对社会学家的学术生涯却非常重要，淘汰率极高，最多只有几百册的发行量和几千个读者。这类出版物对于严肃的学术界来说是必不可少的。然而，在社会学界，这些期刊与其说是研究人员学术活动的反映，不如说它们是年轻的科研人员要获得认可的必经途径。当然，还是有一些文章能够超越这个狭窄的市场，在出版几年之后还具有广泛的反响。第二个市场是学术著作。和学术期刊相比，它们在技术上要求相对较低。它们面向文化素养高的读者群，读者平均数量在一千左右。这个市场还包括以引发辩论和激发思想为主旨的期刊，如《辩论》《精神》《现代》《政治》……同样，在这个市场，也有一些著作取得了较大的、长久的反响，例如P.布尔迪厄、R.卡斯特[1]、M.福柯等社会学家的最严谨的学术著作。但是，如果以平均发行量作为评判标准的话，这个市场的出版危机最为严重。第三个市场是畅销书和大众读者。这个市场的社会学作品带有文学作品、随笔和政治论著的性质。第四个市场，报刊社论、广播电台和电视台的专栏节目。除此之外，还有一个低调的然而相对更具垄断性也更稳定的市场：大学和中学教材。最后还有网络市场。研究人员在网络上发表文章，自己做自己的出版人和广告商。简而言之，这些市场有的广阔，有的狭窄，有的属于长期市场，有的属于短期市场，其门类之多足够建立起一个类型学。

我们需要了解这些市场是否决定了社会学的成果产出和社会影响。只有狭窄的学术市场对其产品有着非常明确的生产规定：如何去写、为谁而写、会有多少读者。至于别的市场，在我看来，格局并不是那么明了。谁能料想《继承人：大学生与文化》（马松出版社，2001）会成为一本畅销书？谁又能想到某篇学术文章会影响到某个决策人？至于那些原本应该

1 法国社会学家罗伯特·卡斯特，著有《社会问题的变迁——雇佣劳动史记》。

是面向大众读者的书籍，据我所知，它们当中的大多数销售量都没有过千。换句话说，这些市场确实存在着发行策略，但是它们不一定都能收到原定的效果。某本书获得了成功，是因为发行策略巧妙；而某本书没有获得反响，是因为作者过于严肃和“保守”……这些原因往往是人们根据结果倒推出来的。当然，这里我说的作品不包括那些真正的商业作品，例如J.阿塔利[1]、A.孟克[2]或M.翁弗雷[3]等人的作品。如果把这些商业作品和科研成果市场相提并论，可以说是“不正当竞争”，而且它们也不属于本书要探讨的主题。

我们得承认，一本书或一篇文章，在写出来并出版之后，就不再受作者的掌控了。如果读者甚少，作者会感觉受到了不公正的冷遇；如果读者众多，作者又往往会觉得这成功源自一种误读。第二种情况虽然相对更令人愉快，但是它和第一种情况一样，都是作者无法预计的。

大众传媒的选择

在得以出版的社会学研究成果和读者之间，存在着一个中间人：媒体。人们经常说大众传媒不懂社会科学，它们着迷于时事，

1 即雅克·阿塔利，著有《未来简史》。
2 即阿兰·孟克，与西蒙·诺拉合著有《社会的信息化》。
3 即米歇尔·翁弗雷，著有《现今考古学》。

只关注明星、收视（听）率和一切可能造成轰动的事件。就我的经验来说，并不总是如此，甚至远非如此。很多记者都肯花精力去读书；而且他们在遵从行业各种限制的同时，经常能写出比社会学期刊发表的某些流俗的报告更优秀的文章。然而，有时一份大报的一篇文章就能决定一本书的命运。一般来说，社会学家对记者总是怀有戒心。但是，我也认识一些很正直、很优秀的记者。法国文化广播电台的很多记者就肯花时间去读书，他们能和作者进行充满睿智的交流。尽管法国文化广播电台这档一个小时的节目收听率比较低，但是它还是拥有几百甚至几千名听众。我们应该支持这个频道和所有在这个频道里为社会科学辩护的人。此外，一些商业频道和综合频道有时也会拨出一小段时间来聊一点社会科学。总之，严肃的社会学家能成为知名的知识分子，很多时候是因为有记者读过他们的作品，采访过并且宣传过他们。也许读者会觉得我对媒体有这样的看法是因为我受到过媒体的优待，但是，社会学家确实需要走进传媒界，因为随着时间的推移，我们最终肯定会结识一些记者，能在媒体上发表自己的观点。但是通过这种途径获得承认可能会越来越难，因为尽管社会学作品的销量很低，尽管大众传媒给予书籍尤其是社会科学的书籍的空间非常有限，出版的著作还是很多，要在其中脱颖而出并非易事。

据我所知，跟报刊和电台相比，电视则是另一套游戏规则。电视节目总显得很匆忙，电视辩论总有点歇斯底里的感觉。由于电视观众随时可能换台，因此一期电视节目往往只允许社会学家阐述一个简单的观点，辩论各方必须快速、概括、明确地表达自己的观点，而不能详细地阐述细微的差别。对电视而言，三分钟已经相当可观。另外，电视偏爱“公关”能力强的社会学家：肯合作、外形好、声音悦耳、反应迅速……总之，如果说广播能给人一种亲切感，电视给人的感觉则不大愉快。于是社会学家就面临这样的问题：应该接受电视的游戏规则吗？还是应该向P.布尔迪厄那样对栏目组提出自己的要求呢？布尔迪厄做电视节目的时候，对节目时间、画面的处理都提出过自己的要求，他甚至还曾经拒绝过节目的播出。就我个人而言，我认为社会学家不应该勉强自己接受各种条件、参与到所有的媒体中。我们有权选择自己的对话者，有权拒绝参加有损自己和自己学科声誉的辩论，有权拒绝在狂热的电视辩论里假装很认真地为一些我们明知道最终一定会获胜的观点进行辩护。

但是，我们不能一方面希望社会学能够进入公共辩论，另一方面只要不合己意就拒绝进入公众领域。我们不能要求电视和广播都跟法兰西学院一样，我们应该从研究人员的学术语言中走出来，学习用简单的话语来表达自己的思想，学习把交流集中在自己认为最重要的观点上，还要告诉记者我们使用的词汇跟他们的不完全一样……我认为，这对公共辩论和社会学来说至少不是件坏事。社会学家最好还是了解一下各个媒体的规则和惯例。

除了报刊、广播、电视辩论之外，传媒界正在兴起一种新的做法：向“专家”提问。与其在极其有限的时间内自己去完成难度很大的调查，报纸更愿意在描述完事件之后直接粘贴上专家的评论。这种做法之所以能得到普及，是因为大部分报刊都不具备足够的财力对记者进行专门化、专业化的培训，没有条件把自己的记者培养成专家。另外，传媒界还有一个趋势，就是把社会新闻“社会学化”：媒体认为社会新闻必然反映了一种社会趋势，于是就要求社会学家介入每个社会新闻。我对这种做法持怀疑态度，不是因为社会新闻没有意义，而是因为它们都是极其个别的事件，我们无法就此做过多评述；而且，这种做法最后会像“十字军东征”一样完全失控。某个学校的暴力现象真的很严重吗？电视新闻不停重复；各杂志纷纷刊登校园暴力的材料；政界人士在采取措施；工会要求相关部门拿出解决方法；极右派把校园暴力归咎于移民……一时间所有人都只谈论这一个话题，这个学校似乎完全处在暴力的铁蹄之下。然而，两个星期之后，这个事件就彻底淡出了热点话题；直至第二年，再也无人提及。每当学校、郊区和大学生成为时事热点之时，我就知道我的电话会响。我们不能抱怨传媒界对社会学的无知；当它们求助于社会学的时候，我们也很难拒绝去谈或去写。我认为可以采取的应对方法其实很简单：如果某个媒体歪曲我们的意图，或者它的导向和我们的立场相悖，我们可以拒绝。在访谈出版之前我们可以要求对内容进行审读。通过电子邮件，这一切都可以在新闻界要求的时限之内完成。记者们往往会高估他们认识的社会学家的能力范围，因此我们最好拒绝谈论超出自己能力范围的主题。

离开实验室和办公室，走进媒体，就意味着走入一个有自己的规则的世界。我认为一个社会学家如果希望社会学有用，如果希望在学界、大学生和对社会学感兴趣的少数人之外还有人能够读他听他，他就不应该拒绝这样做。所以，我们最好能去了解传媒界的行事规则；毕竟，这些规则并不一定比我们所从事的职业的游戏规则更糟糕。

公共介入

尽管和媒体相比，社会学家对社会学和它的受众之间的关系所具有的控制力相对较弱，但是，还是存在一些专属于社会学家的公共介入形式。在法国，人们认为知识分子应该介入公共辩论，知识分子应该对一切现象都有自己的想法：教育、婚恋习俗、中东问题、法国足球、上帝，当然，还有“知识分子的缄默”……比较常见的介入方式是在自认为比较内行的领域为报刊撰写专栏。有时候是社会学家主动提议的，有时候是应报刊的邀请。我本人就曾经为报纸写过专题。我得承认，总的来说，我介入的心理动机源于对政治现状的愤怒。很多时候，我在进行这种类型的介入时一方面感觉自己非常幸运，另一方面也觉得这样做对我自己颇有益处，但是并没有认识到这类介入会产生什么样的影响。当我们的文章偶尔被行动者、

LE MONDE DES LIVRES

Au sommaire : Gilles Kepel, Tim Parks, Emmanuel Moses...

GRATUIT

Le Monde

VENDREDI 28 AVRIL 2000

Lycées : la réforme version Lang

● Le ministre de l'éducation maintient les innovations pédagogiques et les allègements de programme prévus par Claude Allègre ● Mais il renonce à réduire les emplois du temps des élèves ● Les enseignements littéraires sont renforcés ● Jack Lang obtient de nouveaux crédits

ternes :
Aubry propose
ndemniser
travail
week-end

INTERNET

Vraie vie en vidéo

法国《世界报》

工会或相关的协会使用的时候，我们就可以对自己说，我们做了件有用的事情。我特别记得我在《解放报》发表的一篇反对取消初中单一学制的文章曾经得到了一位部长的答复，还有一些政治人物和工会负责人会见了我。集体介入则是一种政治色彩更浓的行动，因为它能够开辟一个新的辩论空间。2009年，我和几个同事在《世界报》发表了一篇要求重建大学的宣言，几千名教师/教研员签名表示赞同。尽管我们努力地以专业知识分子的身份介入到我们拥有一定专家资质的领域，但是这种介入首先还是一种政治游戏，我们对它的掌控力较弱。毕竟我们不是每天都能写出像《我控诉》[1]这样的檄文。如今，在大学任教和从事研究的人越来越多，知识分子也比从前更愿意走进公众领域，因此这种介入形式可能会逐渐变得很平常，最终也许会失去它本来的意义。

---

1 《我控诉》是法国著名作家爱弥尔·左拉于1898年1月13日发表在《曙光报》的一封致当时的法国总统福尔的公开信。左拉在信中控诉了政府在德雷福斯事件中表现出来的反犹太主义立场。

如今，各大周刊都建议我们写博客，和网友直接交流。2007年，在《新观察家报》的提议下，我就教育问题开始写博客。在几个星期之后我就停止了，因为写博客不仅要遵从很多的限制，而且这种“直接民主”的形式让我有些害怕。当然，在博文下的有些评论还是很理性的，也很有礼貌，令人愉快。但是，我还是感觉博客的匿名评论是一个宣泄不满、仇恨和个人攻击的平台。尽管依照法律法规，种族主义、仇外主义和仇视同性恋的言论会被关闭，但我还是感觉到自己被卷入一个不健康的世界里。当然我也并不是只能接受和尊重“实名”的观点。这也许是代际的问题吧，我out了！

相比前两种介入形式，我更喜欢应各种协会（家长协会、非宗教协会、职业协会、工会、俱乐部等）之邀来谈论他们感兴趣的问题，尤其是教育问题。在可能的情况下，我一般都会接受这类邀请。我总能惊喜地发现，和某些成见相反，“普通人”其实对讨论和辩论有深切的需求。这些会面对我来说也是另一种从事社会学的方式。因为在听众向我提问、采访我的同时，我也通过听他们的问题、故事和反应在采访他们。当我在讲堂里面对着几十个听众的时候，我真正感觉到社会学确实是有用的。

这种会面不仅可以普及社会学，它还能让我们弄明白：“为什么人们不相信社会学家？”（迪贝，2002）学者和行动者对社会的认识存在着距离，这既不是意识形态的异化也不是文化资本的问题。个体不相信社会学家，主要是因为社会学家说的东西和个体的社会经验不相符。社会学家需要学会选择合适的角度并且阐述充分的理由。我们说教育的大众化提高了几代学生的水平，而教师看到的却是自己班上学生的水平在降低。这其实并不矛盾，因为大众化教育使得更多学习能力较弱的学生能够不被淘汰。同样地，如今每个人都感觉不平等在显著加剧，而社会学家却指出不平等的加剧其实没有人们说的那么严重。怎样说服人们相信我们的观点？我们就要阐述理由：因为不平等的评判范围和标准发生了变化。

政治行动

有时候社会学家会跨越知识和行动之间的界限，或者进入政治决策界，或者给某个组织担任顾问。尽管我不是任何政治组织的成员，但是我对左派怀有的好感还是使我曾经短暂地担任过这两种角色。

我曾被克洛德·阿莱格尔[1]任命负责初中的改革。可能由于太过天真，我发现，尽管作为一名社会学家，自己也起到了一定的作用，但是政治逻辑和社会学逻辑在本质上完全不同。构想一种公正的、合理的、可行的改革并不足以说服政治行动者和工会，因为政治生活的主题词汇不是这些。政治决策是一种游戏，游戏规则没有理性

1　当时的法国国民教育研究与技术部部长。

选择理论设想的那样合理。在政治游戏里，时机、力量关系还有决策人的人格特征起到决定性的作用。政治行动者为了获取关键利益，必须能够牺牲次要利益，必须考虑到社会网络、舆论、私人冲突和友情，在政治谈判时要学会使用模棱两可的语言。这就是政治这个职业，政治家在这方面都具有或多或少的才能。社会学家要么一直保持自己的矜持，在感觉上当之后就赌气辞职——正是出于这个原因，我在2010年从一个负责社会经济改革计划的委员会辞职；要么自己也变成一名政治行动者。政治游戏确实非常刺激，充满了激情和利益争斗，合作伙伴和对手的反应都很迅速。跟这个火热、快速的世界相比，学术界显得冰冷而迟缓。但是，如果我们离开学术界而投入政坛，那我们就不是社会学家了。因此，明智的做法是不要过多地滞留于政治行动中，否则我们就应该换个职业。

这种局面尽管可能会让我们感觉到有些意外，但其实是正常的。因为在一个民主的系统中，专家或者知识分子并不具有介入政治的合法性。我们应该做的是要求政治行动者担负起自己的责任。政治行动者之所以如此频繁地求助于专家，有的时候是为了推卸责任，使人相信他们的某个决策不是政治的，而是科学的。其实并没有任何证据表明科学家的决策一定比政治家的决策更加英明，所以最好还是各司其职。

当某个政党准备竞选和纲要的时候，它的周围都会汇聚着一群专家和智库，其中有很多是经济学家、法学家、政治学家和社会学家。如果我们认为社会科学必须是有用的，这当然无可争议地是件好事，何况智库发表的很多报告确实质量很高。但是，我不认为科学和行动之间的界限像人们想象的那样小。我们离选举越近，就越会受到政治逻辑的限制。我们跟参选人走得越近，我们提出的建议在一些专家的眼中就越显得含糊，甚至是蛊惑人心的。我参与教育改革的时候曾经数次有过这种体验。或者是因为不想得罪任何人，或者是想取悦有影响力的群体，有时候我们会被迫违背改革的初衷，胡乱承诺。在此，我们必须再次重申：科学和行动尽管彼此相关，但是本质上是不同的。

总之，社会科学确实能对政治和社会产生作用，但是它们并不能掌控辩论和行动。与其等待媒体和政界发生改变，我们不如自己做出改变。如果我们能形成一个更有组织、更有凝聚力的职业界，如果我们能够像硬科学那样成立一些更强大、更有话语权的机构，我们也许能够更好地掌控我们的影响力。我说过，社会科学的教育应该属于全体公民的基础文化的一部分；对那些有能力影响舆论和社会生活的人来说，社会科学的教育应该属于他们职业文化的一部分。这不仅对社会学有益，而且对民主有益。

9 谈谈我的一段历程

- 不连贯中的稳定
- 社会学的介入
- 波兰团结工会、城郊骚乱、教育问题……
- 知识的风格和理论的“可观性”

如果说我的职业生涯具有一定的连贯性，那肯定不是我刻意追求的结果。20世纪60年代末，我也曾拥护过马克思主义和革命思潮——那个时代的大环境就是如此。在此之后，我感觉自己在知识和政治上都没发生很大的改变。当然，我理解和从事社会学的方式发生了一些变化，但是没有与过去发生彻底的决裂或做出根本的改变。当然，由于我一直没有时间重读自己的作品，说不定这只是自己的错觉。

相反，在我的研究生涯中，我曾多次比较彻底地变换研究对象。在这方面，我承认自己比较不稳定。我不知道应该同情还是钦佩别的同行——他们几十年都在研究同一个对象：工作、家庭、青年、教育……或者一直研究同一个作者，成为某个作者的权威的诠释者。我很高兴有这样的研究者存在，因为可以充分地借鉴他们的研究成果。但是我自己缺乏这样的稳定性，因为我害怕自己会厌倦。当我们就某个对象已经做了深入的研究，也阅读了大量的作品之后，我们自己的产出效率就会逐渐下降，我们发现可以给我们带来彻底改变的新的事实和思想就会越来越少。这是一个无法改变的规律。研究的乐趣首先就在于发现，哪怕对别人来说不算创新，对自己而言至少是一个突破。而且，教师/教研员的身份给予了我很大的自由度，我可以自主决定自己的研究对象，没有理由不去享受这一权利。如果说这一节文字是我的一段内省的话，那么在下文中我将从社会学的角度来解释自己为什么会多次变换研究对象。

我的研究经历和我所经历的社会

我能成为一名社会学家，首先是出于某种际遇、某个偶然。当时我刚“升级”为父亲，正在四处寻找工作。一名教师告诉我，波尔多郊区的一个预防犯罪俱乐部需要一名社会学家。如果那天没有在街上遇到他，我也许就做了别的工作，现在也不会写这本书，因为当时我确实非常需要一份工作。进入这个团队之后，我开始就劳动者非常关注的主题撰写博士论文：平民阶层的年轻人的职业规划是如何形成的？论文答辩之后，我在《法国社会学杂志》[1]发表了一篇文章，给一些劳动者讲过课，最终在大学担任助教、讲师。20世纪70年代初的形势对我的职业发展非常有利：当时大学生数量激增，需要教师。我在申请这些职位的时候应该都是唯一的候选人。从这个角度看，我属于特别幸运的一代，从60年代教育的大众化和经济增长中获得了利益。假如我年纪再大一点，可能就没有机会接受高等教育；假如我再年轻一点，面临的竞争可能就要严酷得多。

我做出的第一次改变是去社会科学高等学院读研究班——这也得益于当时大学的自由氛围。我参加了A.图海纳的研究班，同时出于兴趣开始研究奥克语方言区的葡萄种植者运动——这场运动在当时具有一定的影响。我对这个运动的兴趣跟我出生自奥克语方言区不无关系：我从内心希望我童年时所说的方言能够走出地下状态，不再受轻视。A.图海纳正在筹组一个研究小组来研究当时新兴的社会运动，于是我加入了他的团队。

那段时间，我全身心地投入到了A.图海纳的整个研究计划中。在1976年至1982年间我们做了五个研究。我从来没有如此努力、如此满怀激情地工作过。我们首次使用了一种极具挑战性的研究方法：社会学式介入[2]。我们把运动斗士分成小组，对斗士及其对手和盟友

1 也译作《法国社会学评论》。

2 社会学分析和介入中心（CADIS）由阿兰·图海纳、苏萨·埃热迪、米歇尔·韦维尔卡和我组成。——作者原注

进行比较，分析他们的辩论并把我们的分析提供给行动者，再观察行动者有何反馈。我们做的是真正“脚踏实地”的研究：我们要走几千公里的路；要接触几十个人也许才有几个人愿意接受我们的研究条件：同意做访谈录音并把录音材料整理成文字；给小组购买食物，因为运动斗士们也需要吃饭；要学习跟别人共事，学习如何跟一位公认的社会学大师共事；同时还要维系自己的家庭和个人生活。人们怀疑我们进行的是一种先知预言式的研究，其实我们主要是在测量这些斗争和关于新运动的假设之间存在的距离。这些研究当中最精彩的一个——当然在知识界并不一定是关注度最高的，是我们在1981年对波兰团结工会所做的研究。据我所知，这应该是西方社会学家对共产主义国家所做的第一次研究。多亏了波兰团结工会和运动中的一些知识分子，如B.盖雷梅克[1]等人的支持，我们的研究才得以进行。在1981年12月政变[2]之前的几个月里，我感觉自己亲眼见证了历史的发生。我们紧跟事件，同时和格但斯克、卡托维兹以及华沙的工人小组一起工作。这些工人小组正在为争取工会的自主、国家的民主和独立而斗争。团结工会一直领导着这些斗士，直到波兰因恐惧苏联可能介入而实施了战时状态。这场最终以失败而告终的运动标志着波兰共产主义的终结，因为工人阶级和意图代表工人

1 波兰历史学家，波兰议会议员，前法兰西学院教授。

2 1981年12月13日，波兰总理沃伊切赫·雅鲁泽尔斯基颁布戒严令，宣布取缔团结工会，并逮捕其领导人。

阶级的政体发生了分离。

跟波兰发生的这一切相比，回到法国之后，我难免有种空虚的感觉。在法国，当时左派对社会实施的管理要多于革新。新的社会运动已经获得了一定的制度上的承认。局势似乎风平浪静。当然，民众阶层还是发生了深刻的变化：原来的工人团体因去工业化[1]和共产主义乌托邦的破灭而解体。于是，出于兴趣，我决定研究那些尚不明朗的社会变动。我和B.弗兰克、A.雅祖利、D.拉博洛尼等新一代的研究人员一起去郊区研究那里处于平民阶层的年轻人。这些年轻人由于最初的郊区骚动，尤其是里昂附近的芒盖特的骚动，而成为当时的热点话题。在将近三年里，我们跑遍了各个郊区。这次研究的特别之处在于我们介入的对象不再是运动斗士，而是那些被公认是边缘的、脆弱的人群。在当时，人们可能会认为，要解释这些年轻人的行为，只需要描述他们所处的客观环境、身上背负的历史烙印和所面临的失业问题；而我们却选择了跟年轻人以及当地的居民做长久的访谈。访谈的目的不是为了描述他们的文化，而是为了弄清楚他们的社会经历是如何形成的。在这项研究过程中，我们见证了旧的红色郊区[2]的解体，看到在处境艰难的年轻人当中正在浮现新的社会问题：因遭到排斥、控制，缺乏承认和政治话语权而愤怒的

1 去工业化有两个主要特点：一是制造业发展停滞，二是制造业大规模裁员，就业从第二产业转向服务行业。

2 红色郊区指巴黎周围处于法国共产党控制下的地区。

行动者正在形成。我认为这些年轻人和民众阶层的关系就像是19世纪中期的“危险阶层”和“劳动阶层”的关系[1]。任何控制都不是绝对的。除了暴动和冷漠之外，年轻人还揭露了社会和种族分隔，抗议种族主义。他们呼吁种族平等，希望“黑人、白人、阿拉伯人”能够融合在一起。从这一时期起，郊区年轻人的处境更加艰难。我们一直期待在暴动之中能够诞生一种新的、有组织的抗议运动。

这项研究取得了一定的反响，我也觉得自己已经阐述了问题的重点。如先前所言，我害怕自己一直停滞在同一个研究对象上面，于是转向新的研究对象：教育。我之所以选择教育，不仅是因为我认为教育对年轻人艰难处境的形成起到了核心作用，而且因为我坚信，和社会运动相比，社会学式介入法对于研究个体经验更加有效。我曾在波尔多大学担任社会学系的负责人并且建立了一个实验室：社会问题和集体行动分析实验室(LAPSAC)。在此期间，我有幸得到了一份研究合同。于是，我成立了一个研究小组，最初的成员有O.库赞和J.-P.吉耶梅。后来D.马尔图切利也加入进来。我们小组计划从学校的行动者——主要是学生——的经历出发来研究学校。我们主要在初中和高中进行社会学式介入，也进行过一次对小学生的介入。教育是我研究得最久的对象，因为社会需求强烈，而且研

1 “危险阶层”和“劳动阶层”这两个词汇出自法国历史学家路易·舍瓦利耶的著作《19世纪上半叶巴黎的劳动阶层和危险阶层》。危险阶层主要指巴黎的高犯罪率群体。

究的目的也很明确。后来，我又对以人为工作对象的职业人士进行了一次社会学式介入。这次介入进行得相当艰难。我介入的目的在于揭示机构模式整体上的变动（迪贝，2002）。我试图阐明：由宗教形式转变为非宗教的、共和国的形式，建立在这种转变基础之上的机构模式正在走向末路。有关教育的一些别的研究则使用了另外的研究方法，例如，我和M.杜里–柏拉还有A.韦勒图一起做的比较研究使用的主要是统计法。

我在上文中曾经提到，最近几年以来，我一直在关注社会的公正和不平等，在此不再赘言。但是我还是想提一下我和S.鲁伊、O.库赞、E.马塞等人一起做的有关歧视的研究。我们在这项研究上倾注了大量的时间。我们将个体访谈和社会学式介入两种方法结合在一起。我希望这个研究可以成为先前所做的关于劳动中的不公正经验研究的补充和延续。我们知道，政治和制度对歧视和不公正所进行的描述跟受到歧视的人群的社会经历是不完全相符的。我们的研究目的之一就是测量这两者之间的差异。另外，女性和少数群体已成为新的集体行动者，这是当今社会最为彻底的改变之一。我们也希望自己的研究能够对此有所揭示。

我的职业历程取决于各种际遇和机会。我抓住了这些机会，建立了自己的研究体系。如果说在这些分散的机遇中隐藏着一个共同的纽带，那就是我渴望对新出现的、人们还抱有疑问和怀疑的社会问题进行研究。以上我对自己近四十年的职业生涯做了一个回顾。

可以说我并没有完全偏离自己的目标。尽管我们不能完全清楚地意识到这一点，但是，事实上，我们选择什么样的研究对象，取决于我们根据历史对形势和社会变动的走向做出的判断。关键在于我们要能理解所发生的这些变动，还要有能力据此提出社会学问题。我本人是不是做到了这两点？我不知道，也不敢贸然给出主观的回答。

关于创建理论

有些社会学家是靠提出了某个理论而跻身知识界的。我却不是这样。尽管我也曾阐述过某些理论碎片，但它们都出自我的田野调查。在我的著作当中，即使是最理论化的著作，例如我和D.马尔图切利合著的一本书（迪贝，1994；迪贝，2009；迪贝、马尔图切利，1998），也没有真正提出某种理论，而是我对自己的研究做出的总结。在这些书中，我驳斥了一些对手的观点：合理选择的难题、绝对控制、微观社会学提出的社会生活的分解等。但是，我在驳斥这些观点的同时，又没有否认它们确实具有某些价值。我不会使用其他人通常采用的那种富有战斗力的口吻来阐述自己的理论。一项理论研究要具有“可观性”，不仅需要有新颖独特的内容，在形式上往往也要不容辩驳。我感觉自己太过传统，无法达到这两点要求。我承认，社会学有关行动和社会的传统观念已经不再适合当今；但是，我还是相信，社会学的传统问题依然需要我们去解答。我们没有必要为了彰显自己思想的新颖性而与传统的社会学彻底决裂。

在《社会的劳动》（2009）一书中，我试图阐明“社会是一个决定着行动者行为的整体的系统”，这一观念曾经得到过功能主义者、马克思主义者和集这两种主义于一身的P.布尔迪厄的赞同，然而它已经不再适合当下，以此为依据而对社会生活进行的描述也不再能被人接受。如今的社会已不再是这种模式，社会结构和个体经验之间的距离太大，这种观念无法从整体上解释社会机制的各种变动。但是，我认为，我们依然应该承认，现代社会是一些由各种成分组成的异质的、有时甚至是悲剧的整体。社会是各种冲突、运动和描述持续作用的结果。我们不可能用某一种万能的、能够解释一切的观念来概括社会。我的理论产生自田野研究，我并不期待它们成为万能钥匙，能够开启所有的大门。从研究的“可观性”来说，我做出的并不是最佳选择。

也许我的性情不适合创建理论，因为我不喜欢封闭的系统。A.图海纳对我的影响很大。我感激他带给了我一段我无法想象的生活历程，并且允许我遵从自己的内心，不勉强自己。我从来都不喜欢流派，更不喜欢小集团。我对引用权威的言语也不感兴趣。我认为大师说过的话绝对不能成为证据。我不赞成我的学生引用我的话。我在阐述自己思想的时候，也不会为了获得某种权威性而引用社会学先驱们的经典之作。

我可能也不具备创建理论所需要的能力。我没有创建过流派。

我虽然在社会学系任教，并且长期担任系主任一职，但是我没有就我的研究开设过任何课程。在聘用教师时，我并不要求他们对我忠诚或服从，他们的友谊对我而言就足够了。我很高兴我的实验室在探索知识上是开放的。我承认创立流派并不是一件容易的事：除了要提出某种社会学思想之外，还需要有“信徒”；此外，流派创立者本人须是巴黎人，要经营期刊，主编丛书，加入一些职业组织，占据重要职位，掌握资源和职位的分配权，善于利用自己的影响力，能够就自己的研究组织研讨会……有些人热衷于此。这无疑需要付出很多努力，做大量的工作。根据一篇涂尔干的传记（富尼埃，2007），涂尔干尽管在研究上取得了那样大的成就，但是他如果只做研究，并不能建立起涂尔干学派。除了研究之外，涂尔干还要做大量繁琐的工作。对于创建学派来说，这些工作跟撰写著作同样重要。我明白自己比较懒散，不具备涂尔干的能力，所以无意创建学派。毕竟具有这种能力的人少之又少，如果勉强为之可能会徒劳无功，而且会显得虚荣可笑。

这一切都表明，智力劳动的关键并不仅在于知识，不只是研究和写作，还要有载体、实验室和机构。受“光辉30年”[1]的乐观主义的影响，在很长一段时间内我都认为，只要好好工作一切都会水到渠成。我的实际经历也确实印证了这一点。但是，我不具备一个事

1 “光辉30年”指1945年至1975年，这30年间法国经济迅猛发展。

业家的品质，我不会建立自己的影响力。好在并不是只有我一个人这样。在我最欣赏的法国社会学家当中，J.–M.贝特洛、R.卡斯特、J.唐泽勒等人也都处于相同的状况。这让我感到宽慰和放心。

理论的“可观性”还取决于知识的风格。社会学理论想要“可观”，首先需要提出一个核心的范例和少量比较简单的命题，然后再证明它们适用于很多情况、能够解决很多问题。换句话说，就是必须敢于说“我的模式能解释一切”，必须有能力依据某几个公理提出一种比较易于传播的理论。这首先需要人们相信从唯一一个范例就可以诞生一般社会学。然后还需要具备很高的才能。然而，如今的社会越来越不是古典社会学所称的那种整体调控的机制，社会行动也不再是由某一个核心逻辑决定的。因此，这种建立理论的战略会越来越难以实施。它必然会导致人们极尽所能地对某个核心范例进行扩展，直至理性的极限，牵强地用它去解释各种不同的现象。如今我们也许再也不可能建构一种真正的一般社会学。于是有可能出现一种整体话语，代替普通社会学。不论水平高低，只论知识风格，我感觉自己比较接近于R.K.默顿。他阐述了中层理论[1]，这些理论并没有凝聚成一般理论。R.K.默顿拥有很多学生，但是没有信徒。他影响力巨大，也有显赫的名望，但是他没有创建任何流派。

---

1 中层理论是指介于抽象综合性理论同具体经验性命题两者之间的一种理论。其宗旨在于架设一条社会理论“实用化”的桥梁，指导人类的经验实践特别是调查。默顿的中层理论主要是为了解决在这之前社会学理论在宏观与微观方面极端化发展的困境。

说到底，我感觉自己在社会学界的地位比较暧昧。在法国，我属于读者最多、得到的承认也最多的几十个社会学家之一。我应该没有理由抱怨，因为我有做我想做的事的自由，更何况我也从来没有想创立流派。但是，与此同时，我又感觉自己有点像自由撰稿人，有点边缘化，还有点落伍。因为，尽管我阐述的社会学观点有幸获得了一些名气，也得到别人的引用和使用，但是它们没有凝结成一个可观的、标志性的理论。有时候，我会发现，我在几年之前阐述过的某些主题和理论片段又在被别人当成自己的成果阐述。这很令我惊讶。还好我的著作出版在先，人们不会怀疑我剽窃了后人的成果。

本章文字是我的一段回顾和内省。我清楚地认识到，自己没有足够的资格解答对社会学家和社会学研究来说什么是最重要的。这也从另一个角度证明了社会学的有用性。我们从事社会学研究的时候需要借鉴外界的视角，使用严谨的方法，做到既远离又亲近；但是我们在自我评判的时候却很难做到这些。

10 社会学家怎样面对研究对象

- 特别契约：研究人员与研究对象
- 所有的方法都是好的，只要……
- 什么是社会学式介入
- 用我们期望得到的方式去对待研究对象

社会学家和他的研究对象之间的关系是方法论的问题。所有方法都是好的，只要我们知道它会带来什么。方法论的错误往往不在方法本身，而在于我们使用的方法不适合我们提出的问题，或者是我们对它寄予了过高的期望。尽管我在研究中也会优先考虑某些方法，但是我认为我们对各种方法都应该持兼容并包的态度。

我赞同使用调查问卷，因为这种方法会将调查对象的观点和地位结合在一起考察。调查问卷有两个不可取代的优点：一是能够描绘社会群体的客观趋势和主观倾向。通过调查问卷，我们就能知道工人、年轻人、女性、外省人的生活和思维方式，我们还能够更加辩证地看待那些既定看法。调查问卷的另一个优点是具有很强的分析性。它能够揭示各类观点和态度的结构。但是，每一种方法都有局限，调查问卷也不例外。它呈现出的观点的结构难免不被重新建构。“个体的立场是由其地位决定的”，并不能解释一切。因为，调查问卷是让行动者在预先设定好的答案中进行选择。它的前提是个体只能够在给定的观点中进行选择，而没有能力形成自己的观点。

我赞同运用访谈的方式。不过，有时研究人员会一味地用自己预设的理论来诠释访谈，这使我非常惊讶。如果研究人员事先对访谈对象要说的话的背后含义已经非常确定，为什么还要耗费精力去问他们的想法呢?如果访谈对象的想法和研究人员的设想一致，那接下来的一切就都顺理成章；如果不一致，研究人员就将其归结为访谈对象的盲目性和缺乏理性，责怪他们不知道自己在说什么、做什么。总之，无论如何，研究人员预先提出的理论绝对不能被证明是错误的。因此，我们使用访谈这种方法的时候要遵守它的规则——首先得承认访谈对象和我们一样聪明、真诚，他们确实有他们自己的想法。

我也赞同使用统计。最近在M.杜里-柏拉的带领下，我也做了大量的统计工作。统计能给研究人员高度的安全感。如果数据库界面友好、便于使用，电脑程序也足够智能、迅捷，统计甚至会像游戏一样令人着迷。但是，人们对统计一直怀有这样的疑问：统计使用的指数是否经过重新建构?统计能否揭示指数的真正意义?研究人员可能会过度执著于对比，只看重具有对比性的数据，而无视缺乏对比性的数据；其实后者往往蕴含着非常有意义的信息。有时候，统计被研究人员任意使用和诠释，其“柔性”甚至超过了档案和访谈，这让我感觉有点惊愕。标杆分析法、比较和持续评估等技术可能会创造出虚构的存在，而这些存在会被人们当成现实。例如，统计可能会得出这样的结论：要想获得幸福，就要有挪威的生活卫生、法国的医疗制度、芬兰的学校、意大利的气候、瑞士的低调、美国的活力……不要以为这是个玩笑。一些大型国际机构出版的研究报告就蕴含着这种风险。经济合作与发展组织和世界银行就将世界当成是方程式，它们执著于寻找一种经济模式作为最佳的解答方式，然后将其强加给那些并不适合的国家和地区。统计是一种非常强大的方法，所以最好对它有所了解，尤其要明白它的局限所在。

1994—1995年，为了了解教师职业中存在的困难，我当了一段时间的初中老师，使用参与观察法开展研究。这个直接的经验让我体会到审视自己的行动是多么艰难。教师这个职业太难了，我几乎不能胜任；随着时间的推移，我更愿意成为一名合格的教师，而不是一个没有能力上课却在学校四处窥探的社会学家。在办公室里，我感觉自己不是教师，而是正在偷窥的社会学家。当然，考虑到所研究的职业，这个方法则是无可替代的：这样我们才能更好地理解别人的经历，避免一些误解。

方法本身不存在好坏优劣，有关方法的争论是没有意义的。只要知道我们自己在做什么，知道某个方法能给我们带来什么，所有的方法就都是有用的。另外，我们还要知道，方法能够反映行动者和研究人员之间的关系，研究人员选择何种方法取决于他如何看待他的研究对象。这应该就是我所认同的方法观念的独特之处。

社会学式介入

人们曾经认为社会学介入是用来回答某个非常具体的问题的：某个集体行动具有什么意义?这个行动是否具有社会运动的性质?它处于哪个层次?属于哪种社会关系?人们研究各种社会斗争的目的在于了解它们属于哪种社会运动。人们认为，社会运动是行动者与掌握着社会资本和社会总趋势的控制者进行的斗争，这些斗争超越了运动成员的利益，具有广泛的社会影响。从这种意义说，并不是所有的社会斗争都是社会运动。我们不能满足于了解运动斗士的信仰和意识形态，还要挖掘行动产生的根源。于是，A.图海纳发明了一种比较复杂的方法：社会学式介入。这种方法要求行动者和社会学家接受一些非常具体的研究条件，对社会学家和行动者的关系也有特别具体的定义(库赞、鲁伊，2010；图海纳，1978)。

我们把运动斗士以及相关的个体编成小组，安排他们参加一系列的会面。在这些会面当中，他们会遇到研究人员、对手和合作伙伴，并与之进行讨论。研究人员也会和小组成员讨论自己的分析结果。从技术角度看，这是一个相当复杂的剪辑工作。首先，小组成员必须具有异质性，要能代表多种派别和倾向。其次，每个小组都需要两名研究人员同时在场，互相监督。而且，为了避免单个小组的个别性，我们必须形成多个小组，以获取相对稳定的数据。因此，在研究人员和行动者之间就产生了特别的“契约”。研究人员承诺把他们的分析反馈给小组成员，而不是自己保存；行动者必须逐渐抛开自己的意识形态，进行系统的自我分析。事实上，社会学式介入法认为，在一定的研究条件下，在研究人员的推动之下，个体有能力进行自我分析。研究人员在进行诠释时主要是依据行动者作出的自我分析，而不是他们的讲述。抽象地说，我们是在人为地建立一个思考和辩论的空间，这样做的理论依据是：知识是研究者和研究对象共同创造出来的。社会学家想在比较严格的框架下创造出知识；运动斗士相信自己分析能力的提高最终会带来行动能力的提高。

这种方法最独特的地方就在于“介入”。当人们普遍认为社会学家应该尽量保持中立的时候，我们却要求研究人员思考小组成员的生活，并且把自己的分析反馈给他们。为什么？如果小组成员愿意采用研究人员的分析来解释自己的斗争经验和历史，而且由不同的研究人员主持的各个不同的小组都是这种情况，那我们就可以认为我们的设想具有很强的真实性，当然这并不意味着它们一定就是正确的。相反，如果行动者不认同研究人员的分析，这就说明这个分析是不全面的，错误的，必须推翻重来。这种社会学研究方法是人为干预最多的一种方法，因为它旨在超越两种立场之间的矛盾而建立一个共同的知识空间。一方面，它不承认在学术知识和天然的知识之间存在着不可逾越的屏障，即所谓的“认识论上的决裂”。另一方面，它认为，尽管行动者知道自己在做什么，但是他们并不能自发地从系统的角度出发来理解自己的行动；因此仅记录下行动者的讲述并不足以理解他们行动的意义和影响。

有人曾批评介入法人为操纵性太强，只会证明预先的假设是正确的。这个批评很奇怪，要知道，这个方法对我们有关新社会运动的假设提出了很多的疑问。我认为，人们反对介入法主要并不是基于这个原因，而是因为介入法在以下两个方面有非常挑剔的要求。首先，它实施起来并不轻松：组成多个小组，寻找对话者，组成研究人员团队， 系列的访谈和分析……其次，也是更根本的原因，就是这个方法会让研究人员感觉到不自在。因为它迫使研究者向行动者汇报，由行动者检验研究者的分析具有怎样的价值。要研究者向他的研究对象说出这样的话并不是一件容易的事情：这是我对我们的工作做出的分析，请您检验我的分析是否符合您的经历。

社会学式介入以及它所建立的社会学家和研究对象的关系会给研究双方带来一定的风险。如果各环节的工作都做得比较到位，这个方法是极富生产力的，因为可以直接让行动者来思考和回答研究者的问题。除了社会运动之外，我也使用过社会学式介入来研究别的社会经验：郊区年轻人的困境，学生和教师在学校的经历，社会工作者、成人职业培训工作者、护士等人群的职业经验……和社会运动不同的是，这些社会经验都不属于有组织的集体行动。在介入过程中，个体依然不能只是讲述自己的经历，他们同样也要和他人讨论，要自我辩护，要像研究人员一样进行推理并提出假设。这个方法把研究人员和行动者的观点同时摆到桌面上，不仅民主，而且很有科学创造力。我的多次介入经历表明这个方法能加强个体的思考和分析能力，因而个体的社会地位在介入过程中起到的作用相对较小。除了那些空想理论家、那些自认为已经掌握了正确的钥匙的行动者对介入法比较抵制之外，大部分个体都从中感受到了一定的快乐。因为，毕竟不是每天都会有人肯花时间询问我们的想法，问我们是如何看待世界的，而且肯非常认真地聆听。

研究结束之后，生活又回到了原先的轨道。我不认为这个方法的目的在于改变参与其中的个体。当研究揭示出个体经历中一些最阴暗、最脆弱、最具毁坏力的方面的时候，我希望不要把小组成员置于危险之中。介入法不是一种治疗法，研究人员最好保持一定的距离。无论如何，社会学家都不能把自己变成教练或顾问。在社会学和行动之间、社会学分析和行动者的自我分析之间存在一定的距离。尽管介入是研究人员和个体共同参与并完成的工作，尽管我们在介入过程中会努力暂时克服这种差距，但是我们还是得承认，这一差距始终存在。在我们介入的时候，我们要对个体负责，至少不能削弱他们的能力。如果想要帮助他们也一定要量力而行，不要对他们做我们无力承担后果的事。

我在上文说过，社会学式介入要求将心比心，用我们期待得到的对待方式来对待别人，用我们会用于自身的理论来研究别人。社会学式介入就是在实践这一道德准则。也正是出于这个原因，尽管行动者和研究者在研究过程中具有某种共同语言，但是两者还是应该分开，因为研究和行动的利益从来都不可能完全一致。我们必须承认个体的权利和利益。毕竟，是他们在养活我们这些公务员。

11 写给对社会学感兴趣的大学生们

- 大学和高等教育
- 你的学习有待重新建构
- 社会学家需要具备什么
- 在你的年轻时代

如上文所言，社会学家不能把自己当成教练，也不该鼓动所有的学生都去从事社会学。尽管我自己对社会学感兴趣，有时候还能从中感受到某种激情，但是我们还有成千上万别的事情可做，它们也同样有用、同样充满激情。与其竭尽所能地吹嘘社会学的魅力，企图影响读者的选择，我更愿意思考社会学能够给大学生提供什么样的教育，如何才能让选择了社会学的大学生相信社会学是他的最佳选择。

巴黎高等师范学校

大 学

法国大学如今境况不佳，这其实由来已久。在历史上，法国没有像大部分具有可比性的国家那样把大学作为高等教育的重心。在法国，精英的筛选和培养是通过高等学院完成的。最近几年来，小型的高等学院数量倍增。大学技术学院原本应该是以短期学习和技术培训作为首要目标的，现在也像高等学院一样开始遴选学生。原先由于大学生数量相对有限，大学文凭在就业市场有一定的竞争力，因此大学的境况还不算特别糟糕。但是随着各类学校数量的激增，形势变得愈加明朗：最好的高中生会上预科班，参加高等学院的入学考试，选择上那些淘汰率更高、回报率也更高的学校。人文和社会科学正在走向末路。除了少数特例之外，大学生选择人文和社会科学专业基本不外乎两个原因：或者是没有别的选择；或者是考虑到参加同等水平的考试，在大学能够获得学士学位，而在社会劳动学校和大学技术学院却只能获得大专文凭。如今在大学一年级就有很多学生考试不及格，这不仅仅是因为大学对学生的要求高，还因为很多大学生选择的不是自己真正想学的专业，所以他们干脆不去参加考试。

在教育方面如此，在科研方面也是如此。早在法国国家科学研究中心成立之前，每当有新的科学问题提出来，人们都是越过大学另外成立机构、筹集经费、招募研究人员。尽管大学的实验室和研究经费的数量都有了很大程度的增长，但是教师/教研员的工作条件却在恶化。教师/教研员在正常的教学工作之外，在大学事务管理上花费的时间越来越多，同时还要从事科研，要和大型研究机构的专职研究员进行竞争——这有点像业余选手和职业选手去参加同一场比赛。教师/教研员经常会在竞争中落败；另外，这种竞争还可能导致教师/教研员忽视教学工作，因为只有科研才能给他们带来声望和社会的承认。

大学长期被忽视，因而能够形成相对自由的氛围，这固然是件好事；但是同时也导致缺乏规范、组织无序，这就不好了。每个系都可以自主确立自己的教学大纲，因为要说出文学、语言学或心理学专业的一个大学生应该知道什么、会做什么，这并不是件难事。

最终的结果是每个系都能列出本专业的培养目标，但是作为整体的大学却说不出来大学的培养目标是什么。尽管人们呼吁所有的文凭平等，但是就业市场还是更加看重大学生毕业于哪所学校。另外，我们注意到，拥有的文凭在就业市场的回报率越低，人们就会越强调所有文凭平等；相反，如果人们拥有的是淘汰率很高、等级很分明的文凭，情况就截然不同了。

最后，对于大学生来说，大学确实很自由，但它同时又是冷漠的。大学生几乎没有社团生活，也不能参加学校的选举。和大部分国外大学相比，法国大学的文体活动非常少。能够帮助新生在大学和就业市场找准定位的校友会也为数甚少，只有一些大型的大学才有。我有时候会产生这样的想法：文学和人文学科专业的学生动辄就会反对各种改革，固然可能是因为他们感到焦虑——他们确实有理由焦虑，也可能因为这些抗争让他们感觉到自己确实是大学生，确实是大学的成员。在抗争的时候，他们谈论大学，感觉到大学是属于自己的，从而获得了一种集体身份和公共生活，而这些在正常的大学生活中却没能给予。

总之，大学这个系统从深层上说是不平等的，而且效率很低。随着大学的普及和扩招，平民阶层的孩子虽然也能上大学，但是他们往往只能选择那些入学要求不高、学费较低的大学。M.杜里-柏拉（2006）曾经指出：大学文凭的平均收益率在下降；而且，无论是跟大型科研机构相比，还是跟具有可比性的国家相比，法国大学的科研能力都不处于先进水平。

当然，最近20年以来，法国大学也发生了一些变化：社会和人文学科实验室增加了。教师们四年制的聘期保证了一定的连贯性，同时也制造了很多的“废纸”。和过去相比，大学的自主性得到了明显的提高。大学改革法令可能会带来彻底的改变。那些最有研究潜力、最有选择学生的权力和最有政治能力的大学，会成为改革的赢家，而别的大学则存在被削弱的危险。每个人都知道自己的大学究竟属于前者还是后者。每个人都希望它能成为前者，都担心或者不承认它属于后者。但是大学和高等学院的关系一直是改革无法触及的禁区，因为法国的精英们不敢放弃这样一个对他们明显有利的选择制度。他们会说高等学院关乎国家命运和国民的整体利益，因此不能动摇。大型研究机构虽然受到了一定的威胁，但是，目前我们的研究人员和教师/教研员还没有一个共同的身份。在表面的统一和几条一再被重复的大原则之下，法国的高等教育和科学研究制度被分裂成无数的身份、机构和小组，显得错综复杂，让人看不明白。而学生一旦了解了内情，就会觉得只要有别的选择，还是不要选择大学，这样对自己更有利。

只要我们爱我们的学科，认为它是有用的，愿意捍卫它，我们就不能接受这一现状。于是，我们发牢骚、抗议，说每项改革都在威胁着我们的文明和文化，我们每个人原本都能够获得诺贝尔奖，每个学生的就业都应该和他学的专业对口；但是，我们又会很理智地建议我们自己的孩子不要选择大学。其实我们还可以尝试着去改变这样的局面。

建构学习

以下这部分文字写于蒙特利尔大学。我要在这里任教一学期。这是一所公立的、非筛选性的大学。当然这所大学并非方方面面都很完美，它的模式并不适合法国大学效仿和引进。但是，在这里我遇到了很多法国留学生，他们都表示对这里的学习条件和生活条件非常满意。相比法国的大城市，尤其是巴黎，在这里生活更加容易。一些法国留学生，尤其是攻读高级阶段学历的那些留学生，回到法国后可能会不太适应。这不仅仅是因为加拿大年轻人的就业形势比法国要乐观很多，而且因为这里的学习条件也跟法国很不一样。

在这里，社会学专业的大学生在一年级不仅学习社会学，还学心理学、历史、经济、哲学。他们也许不是最优秀的学生，但是他们非常努力。我在大一开设了一学期的课程。在这一学期当中，他们需要交给我四篇读书报告和两篇论文。课程很多，他们都非常用功。和法国的大学生不一样，这里的大学生能够享受到一种开放的、多元化的教育。他们先接受综合的文化教育，然后再专门学习某个学科。法国大学则让人文学科的学生过早地进入了专业学习。法国大学生们从一开始就被放在特定“管道”中，其“出路”只能是研究员或教师。如果我们的学生以后要从事工程师、技术员、医生、护士等职业，这种培养方式是可以理解的。但是对于别的专业的学生就显得荒谬了。我们在高中阶段打下的综合文化基础相当薄弱，学生也没有形成明确的职业规划，在这样的条件下如何让大学生过早地开始专业学习？一个好的社会学家需要掌握一定的历史学、经济学和心理学等方面的知识。一个人首先要具备一定的文化素养，然后才能选择某个专业。而且，我们知道，在法国，最优秀的高中毕业生的选择不是直接上大学，而是上预科班，参加高等学院的入学考试。预科班的教育其实比较全面，专业性并没有那么强。相比之下，没有那么优秀的学生却要在大学过早地开始专业学习。这难道不是个奇怪的现象吗？

因此，我认为大学低年级的学习应该是“多学科”的，或者学生能够自由选择课程。这需要大学本身的多个学科是开放的，而不是像以前那样划分为文学院、科学院、法学院、医学院等等。学科之间的接触和交流对各个学科的发展都是件有益的事情。如果科学家、工程师、医生、法学家能够系统地接受社会科学的教育，从事社会科学的人也能接受外语、计算机基础和法律方面的教育，这对大家都是很有益的。每个学科围绕着自己的实验室、期刊和传统来组织自己的研究活动，这是正常的。但是除此之外，还应该以课题为中心，开展各学科共同参与的、更有实际意义的科研活动。例如，自然科学界就成立了研究所，多个学科一起共同研究复合材料、环境、能源、水等等。例如，健康问题应该是生物学、医学、公共政治、人类学、经济学和社会学的共同课题。我们为什么不成立研究所，把各学科召集起来共同研究亟待解决的社会问题呢?

在基础阶段之后，大学生可以开始专业的学习。在这一阶段，课堂学习、实验室的实验和实习应该能够交替进行。在这一方面，法国大学有了很大进步，硕士论文和博士论文的撰写不再像我求学时那样是孤立进行的。但是还有很多地方有待改进。高年级的学生应该能够拥有办公室和电脑，他们和教师的见面应该更加频繁也更加容易。当我们能够给予得更多，我们才能够要求得更多。当然，这需要经费和场所，但是，这还需要我们的大学文化发生改变，我们必须认识到科研不仅是个人的成绩，它的本质在于研究的过程。

对学生的培养不仅在于课题和研讨会，还在于大学的文化氛围。大学应该成立更多的文化、体育、政治、慈善等方面的俱乐部，让每个大学生都能够更加广泛地参与社会生活。这正是蒙特利尔大学最为法国留学生看重的魅力所在。应该承认，在这一方面，我们的大学生活是非常贫乏的。我们的大学留给大学生的印象往往是繁琐冷漠的行政管理、缺乏组织、不太透明。学生们不知道他们选举的校长的名字，他们在大学找不到归属感，他们的大学生活非常贫乏。如果一个学生只是每周在学校上几节课而已，他又怎么会关心他的学校呢? 在这里，我不想不公正地谴责我的同行们太个人主义，对学生漠不关心。我想说的是，这确实是我们的历史传统。在以前大学生数量有限、就业基本有保障的时候，这种学术模式还是比较令人满意的；但是如今它已经不再适用了。

一般来说，教育系统并不能创造就业，更不能创造跟大学生们的专业对口的就业。我们并不对就业市场负责。但是，我们要对我们提供的教育质量负责。我坚信，受过良好教育、自信的、能够更好地理解生活的大学生，以后能够更好地适应和改善社会生活。我们不能向学生承诺他们以后一定能从事他们梦想的职业，但是我们可以向他们承诺我们会尽可能给予他们最好的教育。

我们的大学系统不仅低效，而且在深层上是不公平的。我们在精英的培养上投入得更多，因为人们认为这是一项回报率高的集体投资。这原本是一种理想的模式。但是，如今我们的大学生大多出自平民阶层。在高等教育基本免费的大原则下，财政拨款更多地向精英阶层倾斜。精英阶层的大学生得到的帮助更多，接受的教育更好，毕业后能获得薪酬更高、更受人敬重的工作。而其他的大学生却大多过着物质上和精神上双重贫乏的生活。奖学金制度并不能改变这一切。跟一份实际的工作合同相比，奖学金对学生的帮助非常有限。这种不平等被内化了。如今，人们采取了各种措施和方法使得平民阶层的优秀学生能够上预科班，成为明日的精英。从机会平等的角度看，这些政策无可厚非。然而，只有少数幸运儿能够得到这些政策的惠泽；而且，这些政策强化了教育的等级划分。大学只是学生们在高等学院之后的第二选择，甚至有时还要排在大学技术学院和高等技师文凭之后，沦为第三选择。一方面，人们改变大学的意愿似乎是真实的；另一方面，人们维持高等教育系统内部的不平等的意愿似乎更加强烈。我们不应该动辄就谴责历届政府。法国的精英都是以这种方式产生出来的，我们很难想象他们愿意显著提高大学质量，从而将自己诞生的制度置于危险之中。

求学时代

范·德·维尔德（2008）做过一项有关英格兰、丹麦、西班牙和法国年轻人生存状态的研究。研究表明，法国年轻人最为悲观、焦虑、缺乏自信。加朗（2009）做的相关研究也显示了同样的结果。这一现象不能只归咎于就业市场和社会不平等：虽然我们可以认为丹麦的就业形势和社会环境对年轻人非常有利，但是也会发现，英格兰和西班牙的社会不平等程度却很高，失业率也非常高。造成这一后果的根本原因应该是各个国家年轻人的经验建构方式不同。丹麦青年在中学毕业后的六七年间要学习自主和建构自己的经验。他们在住宿、学习和工作方面都能得到国家的帮助。大部分丹麦青年都是一边工作一边学习。他们有犯错的权利，可以逐步适应成人生活。英国也是同样的模式，只是英国的社会平等程度不及丹麦，国家对年轻人的支持要少一些。西班牙的年轻人长期得到家庭的支持，他们的就业依靠社会网络和学习两个平台。在法国，人们似乎认为，学习好是年轻人唯一的出路，有文凭就会有工作。法国年轻人对文凭寄予了太高的期望；他们经常有挫败感；他们找不准自己的位置；他们更多地把打零工看成是不公正的束缚，而不是机会；他们更多地会选择依靠某些机构，而不是相信自己，结果这些机构往往会令他们失望。

高等教育的大众化赋予了学生自由选择学习的权利，但是他们的就业却没有因此得到保障。在这种情况下，我们或者在高中毕业生中建立选拔制，挑选大学生；或者改变对高等教育的描述。我不认为选拔制是一个可以接受的解决方法：我们该对被选拔上的学生做些什么呢？我观察到这样一个矛盾现象：大学生们反对选拔制，但其实他们当中近一半人其实都是经过选拔甚至是非常严格的选拔的。我认为应该让大学时光成为个人成长的阶段（而不是象牙塔）。加拿大的大学生就是这么做的，他们也有这样的意愿和要求。有研究表明，每周工作十小时左右的大学生学习成绩最好，这可能是因为一边工作一边学习能够提高学生的主观能动性、自我组织的能力和自主性（贝菲、富热尔、莫雷尔，2009；穆兰，2010）。当大学生们不能接受工作条件的时候，他们可以像所有的劳动者一样组成或加入工会，进行揭露和抗议。有专门的机构负责这方面的问题，它们给大学生们提供工作机会，并且保护大学生的权益。图书馆可以通过长期雇佣大学生的方式来延长图书馆的开放时间。学校可以利用自己的校友网络来帮助在校生。共和国体制下的法国的高等学院，社会民主主义体制下的北欧国家的大学，还有自由主义体制下的英国的大学都是这么做的，而且做得很好。我们的大学只要转变思路，也可以这样做。我们的大学要认识到，这样做可以给大学生提供资源，丰富他们的经历，有助于他们职业规划的形成和今后的就业。我们必须重申，只有少数人才能通过考试进入高等学院，从而获得就业保障；如果我们只执著于这一种模式，就会把大多数人置于边缘化的状态。

我们应该在大学内部和各大学之间建立流通机制，给大学生提供更换专业、更换学校的可能性。大学生可以去旅行，或者全职工作一段时间，再回到学校完成自己的学业。大学生在需要或想要的时候就可以回到学校学习。不应该鼓励大学生就近择校，应该通过奖学金制度鼓励大学生走出去，换个环境。年轻时代是生命中易变的阶段。在这个阶段里，一方面年轻人在自我成长，另一方面外界对他们也具有至关重要的影响。因此，我们应该帮助年轻人成功度过这个阶段，而不是把年轻时代变成布满障碍、只通向一条道路的“管道”（只有最幸运的、最具抗压能力的、最强大的少数人才能通过）。

最后，我给有志于学习社会学的你们提一个建议。我鼓励你们选择社会学，因为兴趣是学习的原动力。但是，我也希望你们能发展其他方面的能力，可以根据自己的兴趣选择打工、旅行、学点音乐或政治等。我鼓励你们花时间去了解自己想要做什么，但是不要荒废时光。将来，你们当中也许有些人会专职从事社会学研究；有些人可能在企业、机构、协会或行政部门从事社会学；还有些人也许不会从事社会学。但是，你们一定会从学习社会学的过程中得到成长和改变。这也是社会学有用性的表现之一。

写于蒙特利尔，2010年秋

参考文献

一般性参考书目

R.阿隆.社会学的科学与意识.欧洲社会学档案（第1卷），1960.

F.奥伯纳.乌伊斯特勒昂河畔.巴黎：奥利维耶出版社，2010.

S.波德.中学毕业会考通过率达到80%之后呢？.巴黎：发现出版社，2002.

M.贝菲，D.富热尔，A.莫雷尔.大学生打工对学习产生的推动力和大学学习的继续.经济与统计（第422期）.

J–M.贝特洛.社会智力.巴黎：法国大学出版社，1992.

L.博尔坦斯基，L.泰弗诺.论辩护：大经济.巴黎：伽利玛出版社，1991.

R.布东.机会的不平等：工业社会的社会流动.巴黎：阿尔芒·科兰出版社，1973.

R.布东.意识形态.巴黎：法亚尔出版社，1986.

R.布东.社会学有什么用？.城邦（第10期）：第133—156页，2002.

P.布尔迪厄，J.–C.帕斯隆.继承人：大学生与文化.巴黎：午夜出版社，1964.

P.布尔迪厄.世界的贫困.巴黎：瑟伊出版社，1993.

P.布尔迪厄.帕斯卡尔式的沉思.巴黎：瑟伊出版社，1997.

P.布尔迪厄，J.－C.尚博勒东，J.－C.帕斯隆.社会学家的职业.巴黎：穆顿－博尔达出版社，1968.

M.布洛维.2004年美国社会学协会主席演讲：公共社会学.美国社会学评论（第70卷第1期）：第4—28页，2005.

J.S.科尔曼.社会理论的基础.剑桥（马萨诸塞）：哈佛大学出版社，1990.

O.库赞，S.鲁伊.社会学介入.雷恩：雷恩大学出版社，2010.

M.克罗齐耶.科层现象.巴黎：瑟伊出版社，1963.

M.克罗齐耶，E.弗里德贝格.行动者与系统：集体行动的政治学.巴黎：瑟伊出版社，1977.

C.杜巴尔.社会学家研究的职业化尝试：一份阶段性总结报告.B.拉伊尔主编.社会学有什么用？.巴黎：发现出版社，2002.

L.迪蒙.论个体主义：对现代意识形态的人类学观点.巴黎：瑟伊出版社，1983.

M.杜里－柏拉.学校的膨胀.巴黎：瑟伊出版社，2006.

J.艾尔斯特.解释社会行为:社会科学的螺钉和螺母.剑桥：剑桥大学出版社，2007.

M.富尼埃.埃米尔·涂尔干.巴黎：法亚尔出版社，2007.

O.加朗.法国年轻人有理由害怕吗？.巴黎：阿尔芒·科兰出版社，2009.

A.加芬克尔.民俗学方法论研究.巴黎：法国大学出版社，2007.

E.戈夫曼.日常生活中的自我呈现.巴黎：午夜出版社，1973.

E.戈夫曼.精神病院：探究精神病患者的社会环境.巴黎：午夜出版社，1979.

M.福柯.规训与惩罚.巴黎：伽利玛出版社，1975.

M.福柯.关注自我.性经验史（第三卷）.巴黎：伽利玛出版社，1984.

M.福柯.自我与他人的治理.巴黎：伽利玛出版社，2008.

H.阿蒙，P.罗特曼.只要有老师.巴黎：瑟伊出版社，1984.

A.霍耐特.蔑视的社会.巴黎：发现出版社，2006.

B.拉伊尔.个人的文化：文化不和谐与个人区别.巴黎：发现出版社，2004.

D.马尔图切利.个体的语法.巴黎：发现出版社，2002.

D.马尔图切利.被考验铸就.巴黎：阿尔芒·科兰出版社，2006.

P.马松.《继承人》的制造.法国社会学杂志（第42卷第3期）：第477—507页，2001.

H.孟德拉斯.农民的终结.巴黎：经济、工业和社会学科文献管理学会，1967.

B.摩尔.不公正：服从和反叛的社会基础.伦敦：麦克米伦出版社，1978.

E.莫兰.时代精神.巴黎：格拉塞出版社，1962.

S.穆兰.法国、加拿大两国劳动市场的年轻人的统计分类对比.国际比较社会学杂志（第51卷第1期），2010.

J.–C.帕斯隆.社会学推理：自然推理的非波普尔式空间.巴黎：纳坦出版社，1991.

J.–P.萨特.什么是文学？.巴黎：伽利玛出版社，1951.

F.德·山格利.个体主义是一种人道主义.拉图尔代格：黎明出版社，2005.

F.德·山格利.共同自由.巴黎：纳坦出版社，2000.

A.图海纳.工人阶级意识.巴黎：瑟伊出版社，1966.

A.图海纳.后工业社会.巴黎：德诺埃尔出版社，1969.

A.图海纳.声音与目光.巴黎：瑟伊出版社，1978.

A.图海纳.行动者归来.巴黎：法亚尔出版社，1984.

A.图海纳.对现代性的批判.巴黎：法亚尔出版社，1992.

A.图海纳，F.迪贝，Z.埃热迪，M.韦维尔卡.大学生的斗争.巴黎：瑟伊出版社，1978.

A.图海纳，F.迪贝，Z.埃热迪，M.韦维尔卡.反核预言.巴黎：瑟伊出版社，1980.

A.图海纳，F.迪贝，Z.埃热迪，M.韦维尔卡.地理国家和政治国家.巴黎：瑟伊出版社，1981.

A.图海纳，F.迪贝，J.斯切莱茨基，M.韦维尔卡.团结.巴黎：法亚尔出版社，1982.

A.图海纳，M.韦维尔卡，F.迪贝.工人运动.巴黎：法亚尔出版社，1984.

C.范·德·维尔德.走向成年.巴黎：法国大学出版社，2008.

M.韦伯.科学理论论文集.巴黎：普隆出版社，1965.

C.赖特·米尔斯.社会学的想象力.巴黎：发现出版社，1997.

作者所著书目

F.迪贝.苦役.巴黎：法亚尔出版社，1987.

F.迪贝.高中生.巴黎：瑟伊出版社，1991.

F.迪贝.经验社会学.巴黎：瑟伊出版社，1994.

F.迪贝，D.马尔图切利.在学校里，学校经验社会学.巴黎：瑟伊出版社，

1996.

F.迪贝，D.马尔图切利.我们生活在什么样的社会里？.巴黎：瑟伊出版社，1998.

F.迪贝.2000年的初中.巴黎：法国文献出版署，1999.

F.迪贝，M.杜里–柏拉.学校的虚伪.巴黎：瑟伊出版社，2000.

F.迪贝.机构的没落.巴黎：瑟伊出版社，2002.

F.迪贝.为什么人们不相信社会学家？.教育与社会（第9期）：第13—25页，2002.

F.迪贝.机会的学校.巴黎：瑟伊出版社，2004.

F.迪贝，D.拉博洛尼.边缘街区.巴黎：瑟伊出版社，2004.

F.迪贝，V.卡耶，R.科尔泰塞罗，D.梅洛，F.劳尔特.不公正：工作中不平等的经验.巴黎：瑟伊出版社，2006.

F.迪贝.社会学的经验.巴黎：发现出版社，2007.

F.迪贝.社会的劳动.巴黎：瑟伊出版社，2009.

F.迪贝.位置与机会.巴黎：瑟伊出版社，2010.

F.迪贝，M.杜里–柏拉，A.韦勒图.社会和它们的学校.巴黎：瑟伊出版社，2010.

精彩语录

◎“现代社会需要社会学，因为它们是现代的，因为它们知道它们是自身行动的结果，因为世界已经开放，因为各种文化和社会之间发生着越来越多的交流，现代社会必须相互了解和认可。”

◎“社会学总是强调在描述与现实之间、在最为高尚的原则与最为平常的事实之间存在的距离，而将这一距离揭示出来本身就是有用的。”

◎“社会学的有用性首先表现为它的批判性：它能揭示社会的本质，表明社会其实不是它自己所认为的那样。其次在于社会学的建议功能：它既创造出“纯粹”知识，也创造出应用于实践的专门知识。再次，社会学的有用性尤其体现在它本质上是一种具有一定公开性和公众性的辩论。”

◎“社会学如果把意识形态和事实、意图和实践、光明和阴暗之间的距离看成是一种深入社会生活和揭去其伪饰的方式，那它就是有用的。”

——摘自本书

季羡林作品珍藏本

季羡林的文学创作一直伴随着他的学问，是他学问生命的另一种形态。

季羡林的文章，尤其是散文，文笔清新、平实又饱含深情。

外研社把季老的散文类作品汇集成册，

选编了这套“季羡林作品珍藏本”，

丛书共包括《清华园日记》《留德十年》

《病榻杂记》《牛棚杂忆》等10册，

使用季羡林对散文集的命名，以保留作品的原貌。

泰戈尔诗歌精选

本丛书由我国著名的孟加拉语专家董友忱教授选编；

书中绝大部分诗歌均从孟加拉语直接翻译，文本的可信度高；

所选诗歌短小隽永，耐人寻味。

本系列共6册，包括《儿童诗》《爱情诗》《自然诗》《哲理诗》《生命诗》及《神秘诗》。

THE QUANTUM WORLD
Quantum Physics for Everyone
量子世界
——写给所有人的量子物理
HYDROGEN
氢的传奇
——人类的伟大发现
性别是如何改变的？
FOR LOVE OF INSECTS
眷恋昆虫
——写给爱虫或怕虫的人
GLOBAL WARMING
全球变暖的发现

伽利略的钟摆
——从时间的节律到物质的制造

城市文化读本系列

《城市文化读本》以历史进程为主轴，
以中国社会变迁为脉络，
在“传统中国—近代中国—现代中国”的大历史框架下，
通过对中国17个城市历史、景观、文化、人物的介绍，
勾勒出一条历史与文明的演进脉络，
向世界展示不同类型中国城市的文化风貌，
也为新时期中国城市文化的发展提供镜鉴。

牛津西方艺术史

《牛津西方艺术史》集结了全球50多位顶级专家的心血，全面总结了西方艺术的发展进程，并且以独到的视角阐述和解读了西方丰富的艺术史，其中涵盖了从绘画到摄影、从雕塑到室内设计等各种艺术种类与形式。

书中配有700多幅精美的艺术作品图片，
可称为出版史上集粹最多插图的艺术史单卷巨著。